Tahir Alangu (1915 İstanbul - 19 Haziran 1973)

İstanbul Üniversitesi Edebiyat Fakültesi Türkoloji bölümünden 1943'te mezun oldu. 1973 yılına kadar Edebiyat öğretmenliği yaptı. Şiirleri, eleştirileri, edebiyat, tarih ve halk bilimi üzerine yazıları öğrencilik yıllarından başlayarak çeşitli dergilerde yayınlandı. Halk edebiyatı ile ilgili kuramsal sorunlar hakkında araştırmalar yaptı. Bunun yanı sıra çeşitli dillerden eserleri Türkçeye kazandırdı. 19 Haziran 1973'te hayatını kaybetti.

Tahir Alangu'nun Fransızcadan yaptığı *Guatemala Efsaneleri* çevirisi ilk olarak 1967'de (Cem Yayınevi, İstanbul) yayınlanmıştır.

A. Cengiz Büker (1942)

Ankara Üniversitesi DTCF İspanyol Dili ve Edebiyatı Bölümünden mezun oldu. Aynı üniversitede master ve doktora öğrenimi gördü. Doktora öğrenimi sırasında 2 yıl Meksika'da bulundu. Fransızca ve İspanyoldan birçok eseri Türkçeye kazandırdı.

Cengiz Büker'in İspanyolcadan yaptığı *Guatemala Efsaneleri* çevirisi ilk olarak 1997'de (Okyanus Yayınları, İstanbul) yayınlanmıştır.

Yordam Edebiyat'ta

Miguel Angel Asturias Eserleri

Guatemala Efsaneleri
Türkçesi: Tahir Alangu-A. Cengiz Büker

Sayın Başkan
Türkçesi: Zeyyat Selimoğlu

Kasırga
Türkçesi: Leylâ Gürsel

Yeşil Papa
Türkçesi: Cemal Süreya

Gözleri Açık Gidenler
Türkçesi: Erdoğan Tokatlı

Guatemala'da Hafta Tatili
Türkçesi: Leylâ Gürsel

MIGUEL ANGEL ASTURIAS

GUATEMALA EFSANELERİ

SÖYLENCELER

TÜRKÇESİ
TAHİR ALANGU - A. CENGİZ BÜKER

yordam
edebiyat

Yordam Edebiyat: 7 • **Guatemala Efsaneleri** • Miguel Angel Asturias
ISBN 978-605-172-158-3 • *Türkçesi:* Tahir Alangu - A. Cengiz Büker
Düzeltme: Yağmur Yıldırımay • *Kapak ve İç Tasarım*: Savaş Çekiç
Sayfa Düzeni: Gönül Göner • *Birinci Basım*: Ekim 2016

Yordam Kitap Basın ve Yayın Tic. Ltd. Şti. (Sertifika No: 10829)
Çatalçeşme Sokağı Gendaş Han No: 19 Kat:3 34110 Cağaloğlu - İstanbul
Tel: 0212 528 19 10 • **Faks:** 0212 528 19 09
W: www. yordamkitap.com • **E:** info@yordamkitap. com
www.facebook.com/YordamEdebiyat • www.twitter.com/YordamEdebiyat

---

Baskı: **Yazın Basın Yayın Matbaacılık Turizm Tic.Ltd.Şti.** (Sertifika No: 12028)
İ.O.S.B. Çevre Sanayi Sitesi 8. Blok No:38-40-42-44
Başakşehir - İstanbul
Tel: 0212 5650122

İÇİNDEKİLER

Miguel Angel Asturias

Tahir Alangu

Dünyanın İspanyolca konuşan bölümünün en büyük romancısı, yazar olarak da en büyük savaşçısı Miguel Angel Asturias, ilk olarak iki eseri ile geçen yıl karşımıza çıkmıştı, yakında da üç romanı ve bir hikâye kitabı yayımlanacak.

M. A. Asturias, Guatemala'nın Ciudad kasabasında 9 Ekim 1899 tarihinde dünyaya geliyor. Bu hesaba göre, bu yıl 68 yaşına ulaşmış bulunuyor.* Guatemala'nın San Carlos Üniversitesi'nde hukuk okuyor. "Yerlilerin Sosyal Problemleri" adındaki tezi ile devlet hukuk sınavını veriyor (1923).

Bundan sonra da öğretimini tamamlamak için Avrupa'ya geliyor. Londra ve Paris'te uzun süre kalıyor. Sorbon'da okuyor. Geliş o geliş. Ara sıra, bir iki yıllığına yurduna dönüyor, bazı yüksek mevkilere getiriliyorsa da, ömrünün çoğunluğunu Paris'te ve sürgünde geçiriyor. Yeni düşünceli ve yurtsever öncüler işbaşına gelince, Asturias, Paris büyükelçisidir. Faşist cuntacıların bir askerî darbesinden sonra da sürgündedir. M. A. Asturias halen Guatemala'nın Paris büyükelçisidir. Kendi ifadesine göre, İspanyolca konuşulan bölgelerde ne zaman kendi kitapları toplanır ve yasaklanırsa, bu hareket bir faşist idarenin öncüsü ve habercisi sayılırmış. Yazar, denemeleriyle bu gerçeğe ulaşmış. Reynaud yönetiminde Orta Amerika din ve kültürünü araştıran

---

* Bu önsözün yazıldığı 1967 yılı için geçerli bilgi. Asturias, 9 Haziran 1974'te ölmüştür. –*Yordam Edebiyat*

Asturias, ilk eserini *Religiones y mitos de la América indigena* (Amerika Yerlilerinin Dinleri ve Mitolojileri, 1923-1926) adıyla verdi. Bilimsel değeri bir yana, Asturias'ın bundan sonraki eserlerinin ve anlatım tekniğinin temelini bu eserinde bulmaktayız. Bu büyük folklor araştırması, onun eserlerindeki dil ve hayatı belirlemede kullandığı malzemeyi ortaya koyuyordu.

M. A. Asturias'ın hayatı ve yazarlığının bir yanı, kendi halkının iki büyük kaynağa dayanan kültürü "İspanyol-Maya" ise, ötekisi de yurdunun dış sömürücülerine, dünyaca ün kazanmış Kuzey Amerikalı kumpanyalara, yabancılara satılmış yerli politikacılara açtığı savaştır. Büyük bir yazar ve sanatçı, ama örneklerine ancak İspanyol soylularında rasladığımız çetin bir milli kurtuluş savaşçısı. Günümüzde "anti-Amerikan" direnmenin en önemli öncülerinden sayılıyor Asturias. Bir gerilla değil, bir politikacı da değil ama yurtsever ve namuslu bir yazar var karşımızda. Daha doğrusu onun hayatının bu iki yanı birbiri içinde erimiştir. Zaman zaman memleketini yabancı ülkelerde iki anlamda temsil etmek fırsatını buldu: Bunlardan ilki Juan Jose Arevalo'nun cumhurbaşkanlığı sırasında, yurdunu, Meksika, Arjantin, Fransa ve El-Salvador'da diplomat olarak temsil etmesidir. Castillo Armas ihtilalinin başarısından sonra da bu görevinden ayrılıyor (1955). Sonra tekrar arkadaşları iktidara geliyor. Ve Latin Amerika dünyasından yabancı pençesi çekilene kadar, M. A. Asturias'ın yazar olarak savaşı böylece sürüp gideceğe benzer.

Onun kendi ülkesini dünyada temsil etmesinin ikinci yolu da, ta başından beri aralıksız sürüp gidiyor. Kendi yurdunun sorunlarını, özgürlük yolunda direnmelerini, bir türlü sona erdirilemeyen milli kurtuluş çabalarını, kültürünün derinliğini bütün dünyaya yayan, birçok dillere çevrilen romanları ile bugün dünyanın önde gelen birkaç romancısı arasında yer alıyor. Nobel Armağanı günümüz dünyasının en başarılı öncü romancısına verilmiş oluyor. Sanatını kendi yurtsever düşünce ve ülkülerine, kendi halkının savunmasına yönelten bir yazar kadar şerefli bir insan düşünülebilir mi? Bunu başkalarından çok önce bizler anlar ve beğeniriz.

Bir başka deyimle M. A. Asturias'ın eserlerinde birbirine bağlı iki yön açıkça görülmektedir: kendi yurdunun sosyal-politik sorunlarına bağlı oluşu, kökünü halk sanat ve kültürünün gür kaynaklarından alan güçlü bir sanat çabası.

Onun ilk edebiyat eseri, *Guatemala Efsaneleri* (*Leyendas de Guatemala*, 1930), 1923-1926 arasında hazırladığı doktora tezine dayanıyor. Bilimsel malzemeyi sanat yoluna başarı ile aktarıyor. Onun, bundan sonraki bütün eserlerinde hep bu bilim derlemelerine, halk kültürünü, memleketinin insanlarını derinden tanımaya dayanan bir temel bulunacaktır. Bu eserinde kaybolmuş büyük Maya kültürünün hayata yansıyan, sözlü gelenekte sürüp gelen yüksek anlatım gücünü keşfediyor. Asturias, ilk adımlarını bilim yolunda atmakla birlikte, bu kaybolmuş eski yerli kültürünü titiz bir bilimsel davranışla değil, kendi soyunun büyük bir hayranlıkla bağlandığı dünyasına yaklaşma aracı olarak ele alıyor. Guatemala halkının bugünkü hayatında eski büyük kültürü; mitolojinin kalıntılarıyla, gündelik yaşantılarla karışıyor. Guatemala insanını anlamak için bu köklere inmek, dışarıdan bakanlarca anlaşılmaz sanılan davranışlarını ve zihniyetlerini kavramak için, o büyük kültürünün etkilerini araştırmak ve anlamak gerekliydi. Asturias'ın eserlerinde iç içe geçen bu iki dünya, yani bugünün emperyalist-sömürgeci şartlarının getirdiği çatışmalarla, eski kültürün ruhların derinliklerine çökmüş kalıntıları, onun yurdunun gerçek yüzü olarak belirleniyor.

Fransa'da ilk sürgünlüğü sırasında, M. A. Asturias, şiirleri ve hikâyeleri yanında, ülkesindeki diktatör Estrada Cabrera'yı taşlayan ünlü bir roman yazdı: *Sayın Başkan* (*El señor Presidente*, 1946). Gerçi ilk eseri olan *Guatemala Efsaneleri* ile daha önce dikkati çekmişti, ama romancı olarak geniş çevrelere ününü yayan ilk eseri *Sayın Başkan* oldu.

Bu romanın peşinden *Mısır Adamları* (*Hombres de maiz*, 1949) geldi. Burada eski Maya dünyası kalıntılarının bugünün Guatemala halkının dünyası ile nasıl kaynaştığı gösteriliyordu. Eski mitolojinin, Hristiyanlığın ve Anglosakson materyalizminin baskıları altında, *indios*'ların içlerinde nasıl yaşayıp bir direnme aracı olarak sürüp gittiği tasvir ediliyor. Orta Amerika'nın insanları yalnız yabancılar tarafından sömürülmüyor, azgın tabiat güçleri ve tropikal sıcak ve hastalıklar da onların karşısındadır. Yalnız hastalıklar, açlık, ezici hayat şartları altında değil, metafizik şüpheler altında da kıvranmaktadırlar. Seksüel hayat bile onlar için bir korku, dehşet ve ıstırap konusudur. Çünkü büyücüler *maiceros*'ları (mısır ekip biçen adamları) zürriyetsizliğe uğratıyorlar. İnsanoğlu bu bölgede o kadar uzun süredir eksiklidir ki, ne tabiatla ne de kadın ve hayatla dengeli bir anlaşma kurabilmektedir. Büyülü güçlere bağlı görüntüler o kadar sık kendini gösteriyor ki, bunları birer gerçek olarak kabul etmek ve yaşama düzenlerine bağlamak zorundadırlar. Bu ülke insanları, *indios*'ların mitolojilerine göre, mısır tanelerinden yaratılmışlardır. Bundan dolayıdır ki, onlara *maiceros* diyorlar. Bunlar kolaylıkla büyülenerek taşa ya da hayvanlara dönüyorlar. Orta Amerika Kızılderililerinin çok garip eski şeytan inançları düzenine bağlı büyücülük dünyaları ile yarı putperest bir hayat süren Maya Yerlilerinin ezilmiş hayatlarıdır bu...

Büyük kazike (kabile şefi) Gaspar İlom, kabilesini *maiceros*'larla mücadeleye çağırır. Çünkü hükümet tarafından toplanıp getirilen *maiceros*'lar, ormanları yakmakta, toprakları büyük mısır tarlaları hâline getirmektedirler. Burada yetiştirilecek mısırla büyük ölçüde ticaret yapılacaktır. Hâlbuki *indios*'ların inançlarına göre mısır ancak kutsal bir yiyecek olarak öpüp başa konur ve gıda olarak kullanılabilir. Kim bu mısırları başka amaçlara göre kullanırsa (ispirto çıkarmak gibi) kutsal bitkinin şerefini lekelemiş olur, gizli büyülerin cezasına çarpılacaktır. Hükümetin *indios*'ların ayaklanmasına karşı yolladığı kuvvetlerin komutanı Albay Godoy, onları bir türlü yenemez. Direnme gitgide yayılıp genişlemektedir. Ama onların şefi Gaspar İlom'u, gizlice, bir yolunu bularak zehirler. Hâlbuki kazike İlom, yüce tabiat güçlerinin himayesindedir, yenilmez bir gücü vardır. İlom bu zehri tanır, ama kendi adamlarının yakalandıkları yerde barbarca öldürüldüklerini görünce, bilerek zehri içer. Albay Godoy da günün birinde esrarlı bir şekilde ölür.

Bundan sonra da savaş sonunun kargaşalıkları anlatılmaktadır. Savaşa karışan kadın ve erkeklerin ölümleri başlar. Kiminin karısı uçurum kenarında taş kesilir, kiminin karısı ise kocasından kaçar, derin kuyulara düşer. Kocalar karılarını bulmak için uzun yolculuklara çıkarlar. Burada *indios*'larda kadının ezilişi kadar törelere göre yargılanışı ve cezalandırılışı, bir yandan da kadın denilen yaratığın demonlara karışmış bir varlık olarak hayatta aldığı karışık yer anlatılmaktadır.

Asturias'ın daha sonraki eserleri, bir başka, bilinçli, daha vurucu ve savaşçı bir yön alıyor. Orta Amerika ülkelerini kıskıvrak bağlayan emperyalist sorunlar ve güçler (ABD sömürücülüğü, United Fruit gibi büyük tröstler) üzerinde ısrarla duran büyük bir roman trilojisi yazıyor: *Kasırga* (*Vientofuerte,* 1950), *Yeşil Papa* (*Papa Verde,* 1954), *Gözleri Açık Gidenler (Los Ojos de los Enterrados,* 1960).

Bu trilojinin ilk romanı *Kasırga*'da, büyük bir Amerikan tröstünün bakir ormanları sökerek açtığı büyük muz tarlalarında çalışan işçilerin, sıcak, hastalık, kötü yaşama şartları altında ezilişleri, küçük toprak sahiplerinin kumpanya karşısındaki direnmeleri, yönetici beyazların kadınlara saldırıları, başkentteki asker ve sivil idarecilerin satılmışlıkları, halkın içten içe homurdanışı anlatılmaktadır. Küçük toprak sahiplerini örgütleyen bir Amerikalı karı koca, büyük patronlara karşı kavga ve direnme hareketlerinde öncülük eder. "Yeşil Papa", ta uzaklardan, Şikago'dan binlerce insanın hayatına hükmetmektedir. Tropikal hastalıklar, çürütücü hava, ağır çalışmalar, yoksullukla ezilen yerli halkla onları sömüren yabancılar, çatışmalarının en kızgın yerinde amansız bir kasırganın kurbanı olurlar. Kasırga, burada toplum çatışmalarının, halktan yana olan o esrarlı tabiat güçleri karşısındaki aczini ve küçüklüğünü anlatırken, bir yandan da yabancıya karşı çıkacak büyük bir yerli direnişin sembolü olarak kullanılıyor. Asturias'ın diğer kitaplarında görüldüğü gibi, bu kitabında da, yalın ve vurucu gerçekler, batıl yerli inançlar, hayal ve mizah garip bir düzenle iç içe girmiştir. Hayatın ezici sahneleri, tabiatın insafsız sertliğini anlatan tasvirler, insanoğlunu bu şartlar altında belirlemeler, eserin en güçlü yanlarıdır.

Trilojinin ikinci romanı *Yeşil Papa*'da, Geo Maker Thompson adında, Şikago'daki büyük tröst başkanı anlatılıyor. Bu adam, kendini birinci romanın sonlarında belli etmekteydi. Bu romanda ise soylu ve gururlu İspanyol ve *indios*'ların, ülkenin eski sahiplerinin çocukları karşısında, Anglosakson sömürücü emperyalist tipinin barbar ve insafsızca sertliğini temsil etmektedir. Vicdan ve beşeri ahlaktan yoksun oluşu, güçsüz, örgütsüz, saf insanları sömürmekteki dehası sayesinde büyük bir servet toplamıştır. Toprakları çaresizliklerinden ya da zorla ellerinden alınmış köylüler, birleştirilerek büyük muz tarlaları hâline getirilen kendi eski arazileri üzerinde çalıştırılır. *Kasırga*'da, "Yeşil Papa"ya karşı direnmeye yeltenen kimselerdir bunlar. Muz hevenklerini tarlalardan vagonlara, vagonlardan gemilere, yük hayvanları gibi sırtlarında taşırlar. Burada "Yeşil Papa"nın zalimliği, hükümetteki adamların alçaklığı, köylülerin çetin hayatı anlatılıyor.

Trilojinin üçüncü ve son kitabı *Gözleri Açık Gidenler*, dayanaktan yoksun, başvuracak yerleri olmayan, umutlarını yitirmiş bahtsız insanlar, "Hayatta haksızlığa uğramış ölülerin gözlerinin açık gideceğine, böyle gömülenlerin gözlerinin ancak büyük ceza günü mahkemesinde kapanacağına" inanmaktadırlar. Tıpkı bizim halkımızın inancına benzer bir inanış, "Yeşil Papa"

Maker Thompson'un ekonomik diktatörlüğü, yabancılara satılmış bir zorbanın politik diktatörlüğü ile birleşerek halkı ezen iki katlı bir baskı düzeni kuruluyor. Bütün ülke merhametsiz bir idare altında boğulmaktadır. Başkaldırma düşüncesi, devrimci Juan Pablo Mandragon aracılığıyla kafalara yerleşmeye başlıyor. Anadan doğma bir örgütçü olan Mandragon, suikastlar, silahlı ayaklanmalar düzenler, ama bir türlü başarıya ulaşamaz. Sonunda, çaresizliğinden, daha barışçı bir eylemde karar kılar: grev. Düşünceleri kabul ettirmek, taraftar kazanmak için önce en çok ezilmiş, en düşkün işçilerin alın yazılarını paylaşır, sonra yavaş yavaş üniversite öğrencilerini, öğretim kadrosunu, memurları, askerleri, din adamlarını, demiryolu işçilerini, zanaat sahiplerini, zafere ulaşacak davasına inandırır.

Renkler, düşler, gerçekler ve güzellikler, dehşet ve korkularla dolup taşan bu kitapta, yazar, hayatın en çirkef yanlarından en şiirlisine kadar bütün görünüşlerini, insancıl duyguların en iğrencinden en coşkununa kadar bütün çeşitlerini bir araya getirir.

Bu triloji dışında kalmakla birlikte, Asturias'ın öteki eserleri de Guatemala halkının toplumsal sorunlarını anlatmayı sürdürmektedir. Daha savaşçı eserlere yöneldiği görülmektedir. Hikâyelerini derleyen *Guatemala'da Hafta Tatili* (1958) bunlardan biridir. Yazarın "anti-Amerikan" saldırıları öteki eserlerinden çok bu kitabında kendini gösterir. M. A. Asturias, bu eserini, başka hiçbir eserinde görülmeyen acılı bir içtenlikle memleketine şöyle sunuyor:

> Kahraman öğrencilerinin,
> Ezilen köylülerinin,
> Harcanan işçilerinin,
> Savaşan halkının kanında yaşayan
> Yurdum
> Guatemala'ya.

Bu çok sert saldırı hikâyeleri, Guatemala darbeleri ve ihtilallerinden derleme unsurlarla işlenmiş dokümanlar karakteri taşıyor. Komünizmle Mücadele Dernekleri, mezarları kendilerine kazdırılarak öldürülen sendikalı işçiler, halkı kırıp geçiren paralı satılmış askerler, silahsız insanların inatçı direnişleri, iftira kampanyaları, kitle hâlinde tevkifler, sorgusuz sualsiz gruplar hâlinde kurşuna dizmeler, M. A. Asturias'ın bu en dramatik eserinin acıklı muhtevasını veriyor. Denilebilir ki, bu eserinde Asturias, diğer eserlerindeki kılı kırk yaran sanatçı yanını bırakmış, artık çıplak, en tesirli bir röportaj gerçekçiliğine yönelmiş durumda. M. A. Asturias'ın, üzerinde en çok söz edilen bu eseri bütün kitapları içinde en vurucusu, en etkileyicisidir.

Bütün bu anlatılandan çıkan sonuç şu: M. A. Asturias'ın eserlerinin kaynağı kendi milletinin halk kültürü ve milli kurtuluş sorunlarıdır. Bu kültür ve bu çatışmalı hayatın tasvirini iç içe yürütürken, sömürücülere ve onların zalim ortaklarına karşı açtığı savaşı da aynı yörüngede ısrarla yürütüyor. Ona Nobel Armağanı'nı verenler yalnız eserlerini değil, bu namuslu davranışını da mükâfatlandırdılar. Büyük yazar eserlerini birbiri peşine vermekte devam ediyor. *Mulata de Tal* (Halis Bir Melez, 1963) ve *Alhajadito* (Dilencinin Bataklığı, 1966) adlı iki romanından sonra yeni bir efsaneler kitabı ile şiir kitaplarını da geçen yıl içinde verdi.

M. A. Asturias, ele aldığı temalara ve yurdunun gerçeklerine uygun düşen canlı, Avrupa roman geleneğini aşan bir anlatım tekniğine de ulaşmıştır. Dünya romanında başka öncüleri de olan bu yeni ve güçlü roman anlayışında, gündelik gerçekleri olağanüstü bir söz gücü ve canlı bir lirizmle, iklimin, tropikal bitkilerin, eski inançların, büyücülüğün, geleneklerin, kültür çatışmalarının, iktisadi savaşların birleşerek ortaya koyduğu, okuyanları sarsan bir etkileme gücü var.

Samatya, 26 Ekim 1967

Bana masallar anlatan
anneme...

Önsöz Yerine

Paul Valéry'nin Francis de Miomandre'a Yazdığı Mektuptan

Bu efsaneler beni tüm sarhoş etti. Bağrındaki kayalar ve humuslu topraktan hayatı yoğurup yaratan ama içinde yine de tehdit edici olmakta devam eden çeşitli güçleri saklayan, iki okyanus arasında bir felaketin darbeleri altındaymışçasına varlığın yeni biçimlerini, birleşimlerini yaratmaya yönelen ve hep kramplar içinde titreşen tabiatın, bu ruhi ürünlerini, bütün çağların inanç ve tasarılarıyla karma bir halkın masal ve törelerinin böylesine garip bir düzenle iç içe örüldüğü bu olay-düş-şiir'leri okurken içlerinde hiçbir şey bana yabancı gelmedi. Başka deyimle, benim beklenmeyeni kavrama yeteneğime ve ruhuma yadırgatıcı gelmedi.

Kızgın bir tabiatın, karmaşık bir bitkiler dünyasının, yerli büyücülüğünün, İspanyol teolojisinin nasıl da bir karışımı! Bütün bunlar, volkanların, keşişlerin, afyonkeşlerin, paha biçilmez mücevher satıcılarının, papağan gevezeliklerinin "ülkeyi bir baştan bir başa dolaşarak dokumaların yapılışını ve sıfırın değerini öğreten büyücülerin" hep birlikte bütün düşlerin en sıtmalısını yaratıp oluşturdukları bir diyarda oluyor.

Bu kitabı okurken, büyülü bir iksiri içer gibi oldum. Çünkü bu küçük eser okunmaktan çok içiliyor. İçindeki apayrı, bambaşka zevkleri yaşayarak katıldığı bir tropik düşe götürüyor beni. Hayal bitkilerinin özsuyunu emer gibi ya da kuşları uçarken yakalayıp yutuveren çiçeklerin özünü içer gibi oldum. "Düşlerin cini bizim ruhumuzda uyanıyor..."

Stendhal, her sabah anayasadan bir bölüm okumamızı öğütlüyor. Bu öğüdün bir değeri vardır elbette. Ama örnek bir reçeteler kitabı da, her hususta tam olmalı bence. Sert bir ilaçtan sonra teselli edici, dindirici bir merheme, uyuşturucu bir tütsüye de ihtiyacımız var. Bunun için bu Guatemala iksirinden bir miktarı, özellikle birçok şeye yararlı olacak.

(Çeviri: Tahir Alangu)

GUATEMALA EFSANELERİ

Efsaneler Ülkesi "Guatemala"

Bindiğim araba sıçrayıp sekerek, ağır aksak bir tempoyla kasabaya doğru geliyor. Sokaklar ve ana caddenin birbirine kavuştukları durak yerinde bin bir çeşit mal satan bir bakkal var. Sahipleri yaşlı kimseler, ikisi de şiş boyunlu. Mezarlarında sükûna kavuşamamış ruhlar, hayaletler görmüşler, cinler periler görünmüş gözlerine. Olmadık şeyler anlatıyorlar. Çocukları çalan, atları pişirip yiyen, şeytanla konuşan ve Tanrı'dan kaçan çingeneler dükkânlarının önünden geçerken hemen kapılarını kapatıyorlar.

Bu sokak, kırılmış bir kılıcın parçaları gibi, meydanın avucundan yerlere saçılmış, dağılmış âdeta. Meydan o kadar büyük değil. Eski, çok eski ve çok soylu büyük kapılar, ileriye çıkıntılar yaparak bu meydanı daraltmış. Buraya yerleşen ilk aileler, meydanın çevresinde, bu meydana açılan sokaklarda oturmuşlardı. Piskoposla dostluk kurmayı âdet edinmişler, zanaatkârlarla ilişki kurmaktan kaçınmışlardı. O zamanlar ermiş Santiago'nun mutlu günleriydi. Malum ya, güzel senoritalar, piskoposluk sarayında yoksullara çikolata dağıtırlardı o günlerde.

Yaz gelince, koruluğun bütün sarı yaprakları dökülür, her taraf çırçıplak soyulur, eski şarapların duruluğu ile parlardı. Kış aylarında ırmak taşar, köprüyü de alıp götürürdü.

Bugün artık kimselerin –ne büyük ninelerin, ne de çocukların– inanmadığı eski hikâyelerde anlatıldığına göre, Amerika'nın ortasındaki bu kasaba, eski ve yere batmış şehirlerin üstüne kurulmuş. Duvarlarındaki taşları birbirine kenetleyen harcı karmak için süt kullanmışlar. Zehirli kurt sütü ağacı *yerba-mala*'nın yanına, üç on* tüy ve üç on altın tozu dolu borucukları, bu kasabanın varlığının ilk işareti olsun diye gömmüşler; başkaları da derler ki, çürümüş bir kazığın altına, sopaların dibine, ya da "kaynakların çıktığı tepe"ye...

Şuna inanıyorlar: Bu ağaçlar, yerle bir olmuş eski kasabalarda oturan kimselerin nefeslerini soluyormuş. Ve bundan dolayı, çok eskilerden kalma törelere göre, bu ağaçların gölgelerinde oturanlardan tasa ve kahırlarından kurtulmak isteyenler, dertlerine deva bulurlar, sevdalılar acılarını burada dindirirler, yol iz şaşıran gezginlere orada yol yön gösterilirmiş. Şairler de orada ilhama kavuşurlarmış.

Ağaçlar bütün kasabayı büyülemiş. Düşlerin soluk inceliğindeki örtüsünü titrek gölgeleriyle kaplamış.

Casa Mata'dan Tatuana geçer, süzülür. Şeytan Külahı, avlulardan koşar, birinden ötekine seker, zıplar, yuvarlanır; sanki lastikten bir şeytan... Ve avlularda Cadejo** dolaşıyor, kızları uzun saç örgülerinden yakalıyor ve atların yelelerine düğüm üstüne düğüm vuruyor. Ama yine de uyuyan kasabada tek kirpik bile kıpırdamıyor. Duyulan şeylerden hiçbiri, ete cana bürünmüş bir gerçek hâlinde değil. Her şey ruhlar dünyasında olup bitiyor.

Ağaçların soluğu, dağları uzaklara itiyor. Uzaklarda yol, iplik iplik bir duman gibi kıvrım kıvrımdır. Hava kararıyor,

---

* Maya kültürüne has sayı sisteminde ondalıklar birleştirilmiyor, birler sırasındaki sayılarla çarpılarak ifade ediliyor. Otuz yerine üç on deniliyor. –*çev.*

** *Cadejo:* Orta Amerika'da inanılan efsanevi bir hayvan; insan yüzlü bir köpeğe benzediği söylenir. –*çev.*

yukarılarda portakallar yüzüyor, en ufak bir yankılanma bile duyuluyor... Düşen bir yaprak, ya da öten bir kuş, uyuklayan tabiatta öylesine derin bir çınlama uyandırıyor ki, ruhlarda düşlerin cini uyanıyor.

Düşlerin öcüsü, gözlerimizin önüne koskoca bir şehir seriyor. Bu, açık ve iyice belirli; bu hayaller hepimizin içinde vardır. "Brezel de San Mas"taki, evcikleri alacalı benekli o şehirden yüz kat daha büyük bu hayal şehri. Yüksek bir yapının katları gibi üst üste, toprak altındaki eski sitelerden kurulu bir şehir bu. Bir kat, ötekinin üstünde. Bir şehir öbürünün sırtında. Eski gravürlerle dolu bir kitap sanki. Taşlarla ciltlenmiş. Yaprakları Kızılderili altınından, İspanyol parşömeni ve cumhuriyet kâğıdından. İçinde bir ölüler evinin donmuş, kaskatı figürlerinin kilitlendiği bir sandık, kuyuların altını ve ay ışığının ak pak saçlarının hazinesi, gümüş çemberler içine alınmış. Bu kat kat şehrin içinde eski kasabalar, olduğu gibi, hiç bozulmamış duruyor. Hayal varlıkları, merdivenleri iz bırakmadan çıkıyorlar. Kapıdan kapıya yüzyıllar değişiyor. Pencerelerin ışığında gölgeler göz kırpışıyor. Hayaletler, sonsuzluğun sözcükleridir. Düşlerin cini hikâyelerin ipliğini durmadan eğiriyor.

Palanque şehrinde güneşle yıkanmış teraslar, taze sabahın göğsünde keskin çizgilerle yükseliyor; simetrik, duru, açık ve sağlam... Taş yontucunun, sanatını belli etmeyen duvarların basık kabartmaları üstünde, fıstık çamlarının masum profilleri. İki prenses, bir kolibri kafesinin çevresinde oynuyor. Sakalı çil çil parlayan bir ihtiyar, yıldızlardan geleceği okuyor. Prensesler oynuyor. İhtiyar gelecekten haber veriyor. Ve tıpkı masallardaki gibi: üç gün kolibriler, üç gün prensesler...

Copán şehrinde Kral, gümüş póstekili geyiklerini sarayın bahçesinde gezdiriyor. Haşmetli omuzlarını, mücevher kopçalarla iliştirilmiş Nahual tüyleri süslüyor. Nahual, onun kuş kılığındaki koruyucu ruhudur. Göğsünün üstünde altın ipliklere dizilmiş büyülü sedefler asılı. Kollarını kemik bilezikler örtüyor. Bunlar öyle güzel perdahlanmış ki, en güzel fildişleri gibi. Alnının üstündeyse, balıkçıl kuşunun birkaç hükümdarlık tüyü. Romantik şafakta, kral, bir bambu çubuğu ile tütün içiyor. Analar gibi besleyici kakao ağaçlarından yapraklar düşüyor. Candan dökülen bir yağmur, böyle yüce bir bey için yeterli bir haraçtır. Kral âşıktır, parça parça frengi döküyor, acısı bundan. Güneş hastalığı.

Eski saatler, eski zamanlar. Düşlerin cini hikâyelerin ipliğini durmadan eğiriyor. Quirigua şehrinin ağır, debdebeli mimarisi, doğu kasabalarını andırıyor. Tropik havası, aşk buselerinin tarifsiz mutluluğunu yaprak yaprak açıyor. Baygın pelesenk kokuları. Islak, geniş ve alev alev açılan ağızlar. Ilık su, timsahların henüz çiftleşmemiş dişileri üzerinde uyudukları su. Tropik demek, toprağın cinsiyeti demektir.

Quirigua şehrinde, tapınağın kapısının yanında, kulaklarında kehribar inciler, kadınlar bekler. Yalnız göğüslerinde dövme yoktur. Burunları kara kehribar taşından garip bir halkayla süslü, kırmızıya boyanmış adamlar. Ve derileri, yanmamış ve suda eritilmiş kille boyanmış genç kızlar. Bu kil, şirinliğin ve zarafetin sembolüdür.

Rahip geliyor, kalabalık bölünüyor. Rahip, altın parmağı ile tapınak kapısına vuruyor. Kalabalık eğiliyor. Kalabalık, onu kutlamak için toprağı yalıyor. Rahip, yedi tane ak güvercin kurban ediyor. Genç kızların kirpiklerinde ölümün acısı pır pır ediyor. Hayat ağacı biçimindeki kara kehribardan yapılma kurban bıçağından saçılan kan, umursamaz ve dokunulmaz Tanrıların başlarını kutsallaştırıyor. Tabutunda uyuyor gibi yatan ölü bir kraliçenin ellerinden acayip, korkunç bir şey çıkıyor. Taş mangallardan anason kokulu tütsüler buram buram yayılıyor. Ve flütlerin musikisi Tanrıyı düşündürüyor. Güneş, ilkbahar sabahlarında, ormanın yeşilliği ve mısır tarlalarının sarı olgunluğu üzerine incecikten, çisil çisil yağan yağmuru tarıyor.

Tikal şehrinde saraylar, tapınaklar ve evler bomboştur. Üç yüz savaşçı, arkalarında çoluk çocukları çekip gitmişler. Daha düne kadar, sabahın erken saatlerinde, sütnineler ve ermişler labirentin kapısında, deniz kabuklarına üfleyerek halkın efsanelerini anlatırlardı. Şehir, oradan türküler çağırarak caddelere doğru dağılır. Dolgun kalçaları üzerinde testilerini çalkalayan kadınlar. Tacirler, puma pöstekileri üzerinde kakao ağacının çekirdeklerini sayan satıcılar. Âşıklarının gün batarken kestikleri ve yonttukları, ağaç gerdanlıkları aydan ak nergis saplarına geçiren güzel kızlar. Büyülü bir hazinenin kapıları kapanır. Tapınaktaki alev söner. Herkes henüz oradadır, bir zamanlar nasıl oradaysalar. Boş sokaklarda gölgeler ve bomboş gözlerle hayaletler, yol iz yitirmiş, dolanır dururlar.

Şehirler... Tıpkı açık denizler gibi fışırdayan şehirler! Onların taştan ayakları dibinde, bellerine efsaneler kuşanmış geniş elbiseleriyle bir çocuksu halk, politika, ticaret, savaş oyunları oynar. Bu çocuksu halk, barış zamanlarında birtakım büyücülerin ortaya çıktığını kulaktan kulağa fısıldar. Bu büyücüler, bütün ülkede, şehirler ve köylerde, kumaş nasıl dokunur, sıfırın değeri nedir, yiyeceklerin olgunluk demleri hangi zamandır, hep öğretir, oradan oraya dolaşırlar.

Anıların tırmandığı merdiven, İspanyol kasabalarına gider. Yukarıda, döner merdivenin en dar olduğu yerde, gölgelerle örtülü pencereler belli aralıklarla açılır, tıpkı Katolik kiliselerindeki gibi koro yerine ulaşan koridorlar, geçitler uzayıp gider. Bu geçitlerden başka şehirler görünür. Hatırlama denilen şey, yolunu el yordamıyla bulan bir kördür. Çok katlı bir şehrin merdivenlerini çıkıyoruz: Xibalbá, Tulan, sislere bürünmüş mitoloji şehirleri. Arkasında esir kartalın Cakchiqueles prenslik tahtını süslediği İximche. Feodal beylerin şehri Utatlan. Mavi bir deniz üzerinde kayaya oturtulmuş bir balkondur Aitlan. Mısır fidelerinin çiçekleri, bu krallığın son sabahından daha güzel değildi. Düşlerin cini hikâyelerin ipliğini durmadan eğiriyor.

Konkistadorların* ilk kasabasında –Santiago şehrinin ikiz kız kardeşi–, soylu bir bayan, sevmekten çok korktuğu kocasının önünde eğiliyor. Kadının solgun gülümseyişi büyük kaptanı melankoli ile dolduruyor. Kaptan, kadının dudaklarına bir öpücük kondurmayı ihmal etmeksizin Spezerei adalarına doğru hemen sefere çıkıyor.

Geçmiş günler eski bir Goblen halısı üzerinde yeniden canlanır. Gümüş ay ışığında, mavi körfezde donatılmış on üç gemi. Bir altın ülkesinin bulutları içinde kurulmuş yedi bizon şehri. Kızılderili iki kabile reisi (Kazike) uyuklayarak yol almaktadır. Nal seslerinin yankıları sarayın kapılarından henüz uzaklaşmamıştır ki, soylu kadın, hayalinde ya da düşünde, bir ejderhanın, kocasını ölümün mahzenine yuvarladığını baygınlıklar geçirerek yaşar; oysa kocası o sırada dipsiz bir nehrin bulanık dalgalarında ejderhayı boğmaktadır.

Koloni kasabasında ayak sesleri. Kumlu sokaklarda rahiplerin "Ave Maria" mırıltıları. Sonra çekişen ve bu arada Tanrıyı şahit gösteren kaptanlar ve şövalyelerin gürültüsü. Kepeneğine sımsıkı sarılmış bir gece bekçisi uyuklamaktadır. Günah çıkarma hücrelerinde gölgeler. Duvar oyuklarında yanan lambaların titreşen ışıkları. Bir Kastilya mah-

---

* *Konkistadorlar (conquistadores):* Amerika kıtasını ele geçirip yüzyıllarca talan eden Avrupalı (İspanyol/Portekiz) zalim fatihlerdir. –*çev.*

muzunun şıngırtısı, herhangi bir uğursuz kuşun, yorulmak bilmeyen herhangi bir saatin gürültüleri...

Antigua'da, Konkistadorların ikinci kasabasında, ufukları açık ve duru, eski koloniyal kılıklı şehirde, dinî bir hava ortalığı karartmıştır, yaslara boğmuştur. Bu kiliseler şehrinde, insan derhâl bir günah işlemek ister. Piskopos hazretlerinin ve belediye reisinin yanında, dışarı çıkmalarını sağlayacak bir kapı açılır. Yarı kısık sesle konuşulur. Göz kapaklarının altından bakılır. Yarı aralık gözlerle hayata bakış, manastır şehirlerinde klasikti. Bahçeleri duvarlarla çevrili caddeler. Kemerli geçitler. Eski soylu kişilerin evleri. O evlerde ışıl ışıl fıskiyelerin suları, dantel dantel oynaşır, titreşir. Kilise çanlarının ağır madenleri. Bu şehir, arkasındaki volkanın sadık himayesi, Katolik haçının sıyaneti altında. Dilerim, sağ ve esen kalsın! Sonra da debdebe ve ihtişam içinde kutlanan o şahane bayramlar! Yüksek arkalıklı koltuklarda senoralar, o çalımlı bıyıklı ve gümüşlü kara giysiler içindeki baylar tarafından selamlanır. Bir ayağın biraz kısa oluşunu aygın baygın gözlere bağışlatan bir durumdur bu. Oradaki şu hanımın saçları ipek gibidir. Yüksek mahkemeden bir bayla çene çalan beriki hanımın terütaze nefesinden parfüm kokuları serpilir. Gece ilerler, saat be saat... Peşinden yürüyen adamları ile birlikte piskopos çekilir. Hazinedar, bir mabeyinci ve Montesa tarikatından şövalye, bu kasabanın seçkin soylarının tarihini anlatırlar, dimdik ve kaskatı bir kilise disiplini içinde. Kristal şamdanların mumları ışıklarını saçar. Müzik yumuşak ve tatlıdır. Dalga dalga mahzun ve üzgün bir dans. Zaman zaman hazinedarın sesi duyulur, "Muy ilustre Señor" (Çok muteber Efendim) diye çınlayan sesi. Bu unvan, krallığın genel valisi Conde de la Gomera'ya verilmiştir. Yanılmaksızın zamanı sayan iki saatin yankıları işitilir. Gece ilerler, saat be saat... Düşlerin cini, hikâyelerin ipliğini durmadan dokuyor.

Ermiş Fransiskus Katedrali'ndeyiz. Loreto Meryemi'nin mihrabını çeviren parmaklığı görüyoruz. Yerler Cenova çinileri, Şam kumaşından duvar örtüleri, Granada taftasından bayraklar, ağır kadifeden, erguvan kızılı, üzerleri sırmayla işlemeli perdeler.

Sessizlik! Susunuz, burada üçten fazla piskopos toz hâline gelmiş de, bu katedralin havasına karışmış. Fareler oradan oraya giderken akla kötü düşünceler getiriyor. Yüksek pencerelerden içeriye, dolunayın yaldızı, gizlice parlayarak süzülüyor. Yarı karanlık. Mumların alevleri... Gölgedeki Meryem'in gözleri yok âdeta.

Meryem Ana'nın ayakları dibinde bir kadın ağlıyor. Hıçkırıkları, sessizliği kıldan ince kılıç gibi kesiyor.

Pedro de Betancourt Birader, gece yarısından sonra dua etmeye geliyor: Açlara ekmek, yetimlere sığınak, hastalara şifa dağıtıyor. Adımları duyulmaz. Yürüyüşü ise tıpkı bir güvercinin uçuşu gibi.

Ağlayan kadına sessizce yaklaşıyor, kendisini ezen acısının ne olduğunu soruyor. Onun teselli kabul etmez bir kadının gölgesi olduğuna bakmadan. Kadın diyor ki:

"Ağlıyorum, çünkü sevdiğim bir adamı yitirdim. Kocam değildi, ama onu çok seviyordum!.. Bağışlayınız beni birader, günahım çok büyük!"

Rahip, başını kaldırıyor ve Meryem'in gözlerini arıyor. Ve ne kadar garip, sözde yetişkin, sağlam ve dinç bir adam. Omuzlarındaki serüvencilerin ergenlik mantosunun el değmeden düştüğünü hissediyor, kemerindeki kılıcın, bacaklarındaki uzun çizmelerin, topuklarındaki mahmuzların, şapkasındaki tüylerin döküldüğünü duyuyor. Ve artık her şeyi anlatılmadan anlıyordu, çünkü o artık ermişti. Tek kelime söylemeden, hâlâ ağlamakta olan kadının önünde eğildi...

"Don Rodrigo?"

Kadın, kendi gölgesini yakalamaya yönelen bir akıl hastasının güvenliği içinde doğruldu. Elbisesinin eteğini topladı, rahibe doğru yürüdü, onu öpücüklere boğdu. Evet, oydu! Gerçekten Don Rodrigo'ydu bu!..

İki mutlu gölge kiliseden çıktı –seven ve sevilen– ve cehennemin kaburgaları gibi kıvrım kıvrım, şehrin geceye gömülmüş sokaklarında kayboldu.

Ve ertesi sabah, Pedro Birader'i, kilisede derin uykulara dalmış olarak bulmuşlar. Her zaman yoksullara ve düşkünlere yakın olan Meryem'e daha da yakın.

Düşlerin cini hikâyelerin ipliğini durmadan eğiriyor.

Dokuma tezgâhlarından, yakalanmış sineklerin vızıltıları yükselir. Saygıdeğer köşelerden böceklerin kemirtileri duyulur. O köşelerde Efendimiz kralın kronikçileri, "Yeni Dünya" olaylarını yazarlar. Koro hâlinde kurbağaların viyaklayışları duyulur. Orada şafak vakti rahipler Zebur okurlar. Örs sesleri, çan sesleri, yürek vuruşlarının sesleri...

Fray Payo Enriquez de Rivera önümüzden geçiyor. Cübbesinin karanlığında gizlice bir ışık taşıyor. Akşam hızla sararıp soluyor. Fray Payo, küçük bir evin kapısını çalıyor ve eşikten içeri basılı bir kâğıdı sürüyor.

Duyduğum ilk sesler beni sarsıyor. Tam yerine varmışım. Guatemala de la Asuncion, Konkistadorların üçüncü şehri burası! Gerçekten onlar, dağdan yılbaşı oyuncakları gibi görünen ak pak evcikler. Duvarlarının çok şeyler anlatan insansı halleri –askerler ve rahipler ona zamanla bu görünüşü vermişler– beni gururla dolduruyor. Kapalı balkonları bana üzüntü veriyor. Büyük babalardan kalma döşeme tahtaları beni çocuklaştırıyor. Hemen gerçeğe dönüyorum. Sokaklarda birbirlerini kovalayan oğlanların yarışmaları ve "Andares" oynayan kızların sesleri:

"Andares, Andares!"

"Andares sana ne dedi?"

"Bana, yolumu aç, dedi!"

Benim şehrim, benim yurdum! Tam yerine vardığıma inanabilmek için tekrarlıyorum! Onun kutsal toprağı! Ormanların sık yeleleri. Onun, çepeçevre "Brezel de San Blas"ı meydana getiren sonsuz dağları, gölleri. Kırk volkanının sırtları ve ağızları. Koruyucu sultanı Santiago. Evim ocağım ve başka evler. Meydan ve kiliseler. Köprüler, kumlu caddelerin kavşaklarına gizlenmiş kulübeler. Arsız sütleğen kümeleri ve Chichucaste ısırganları arasında arapsaçı gibi birbirine geçmiş yollar. Hep çayırların kahırlarını da birlikte sürükleyen ırmak. Yuka ağacının çiçekleri. Benim şehrim! Benim yurdum!

(Çeviri: Tahir Alangu)

Şimdi Anımsamaktayım

Köyde küçültülmüş adları "Don Chepe" ile "Ninya (Niña) Tina" olan José ile Agustina'nın garip kambur cinleri, benim mısır taneleri toplayarak geçen yıllarımın öyküsünü dokumaktalar. öncekiler gibi taşlarda yüzyılları imleyen noktaları tek tek soldan sağa biriktire biriktire. Yılların hüzünlü anlatıları. Yaşım ise kederlilik katıyor onlara.

"*Chipilín*'in büyüsel etkisi," diye açılıyor Ninya Tina, "yok etti zaman bilincini. Bilmez oldum günleri, yılları. Yok eder zaman geçişini, etkisini ve o uykulu kirpikleri olan *chipilín** ağaççığı. Böylelikle de *kasike***'lerin ve krallıktaki yaşlı rahiplerin gömüldükleri duruma geçersiniz."

"Dinledim şakıdığını," diyor Don Chepe, "bir *guardabarranca*'nın*** dolunayda. Cıvıltısı bal damlaları gibi üstüme dökülüp, saydam bir güzelliğe büründürdü beni. Güneş beni yakmaz oldu, günler bana dokunmaksızın geçip gitti. Ömrüme ömür katmam için, uzatmak için yaşamımı, saydamlığa ulaştım *guardabarranca*'nın büyüsü altında."

"Gerçekten de," dedi Don Chepe, "bir Nisan günüydü bırakıp gittim onları, geyik ya da güvercin avlamak için or-

---

* *chipilín*: Uyuşturucu özellikleri olan bir bitki. Yaprakları Guatemala yemeklerinde birçok amaçla kullanılır.–*çev.*

** *kasike:* Bir çeşit vali, muhtar, köyağası ya da eşraftan kişi. –*çev.*

*** *guardabarranca*: Guatemala'ya özgü bir tür kuş. –*çev.*

manda. Şimdi anımsadığıma göre orada öylece duruyorlardı. Yaşlanmayan ruhudurlar taşların, eskimeyen toprağıdırlar tarlaların. Çok erken çıktım köyümden, yolda atlılar alayının üstüne doğarken güneş. Ballı su gibi tatlı şafak. Koyun sürülerinin ak soluğu. Sonra dört yüz türlü ezgi duyulmaktaydı amberler arasında. Açmak istiyordu mine çiçekleri."

Ormana girip tören sırasına geçen rahiplerce duran ağaçların arasında ilerledim. Altın yaldızlı vitray renkleriyle aydınlanan ufuk görünüyordu yaprakların arasından. Kutsal Ruhun uzantıları gibi kardinaller. Göğe bakarak gidiyordum. İlkel, insanlık dışı, çocukça bu sürecin içinde Altın Derili diyorlardı bana; evimse sığınağıydı yaşlı avcıların. Dinleyegeldikleri öyküleri bir anlatsalar, odalar dile gelirdi. Duvarlarında postlar, boynuzlar, silahlar asılıydı. Salondaysa sarışın avcıların portreleriyle, tazıların kovaladığı avları gösteren kara çerçeveli tablolar bulunurdu. Çocukken bu portrelere baktıkça, kutsal Aziz Sebastian'a* benzetirdim yaralı geyikleri.

Ormanın içinde yolları kesen ağaçlar, ağa düşen sinekler gibi gömülürler sık otların içine. Her adım atışta sıçrayıp çıkan tavşanlar uzaklaşırlar uçarcasına. Gölgelerin aşk dolu derinliğinde senli benli güvercinler, çakalın inildeyişi, tapirin tutturadurduğu koşu, jaguarın geçişi, av kuşlarının uçuşması ve benim adımlarım uyandırdılar gezgin koyların yankısını. İşte buracıkta başladı onun türküsü, onun yaşamı. Ruhlar avuçlarında açtı yaşama gözlerini. Güneşin, havanın, toprağın arasında dans ettiler yeni doğan aya karşı, vuruşlarına uyarak gözyaşlarının. İşte şu Hint elması ağaçlarının altında... İşte kirazçiçeğinin** üzerinde...

* San Sebastian: Hristiyan olduğu için Romalı askerlerce oklanarak öldürülen kutsal şehit, aziz –*çev.*

** Kirazçiçeği: *Flor de capulí*, bir tür kiraz ağacının çiçeği. –*çev.*

Dans ederlerdi türküler söyleyerek:

"Selam, ey kurucular, ey biçim vericiler! Sizler görürsünüz, işitirsiniz. Sizler! Bırakmazsınız bizi, terk etmezsiniz. Ey tanrılar, gökte ve yerde! Ey gökyüzünün ruhu, ey yeryüzünün ruhu. Bize çocuk verin, varsıllık verin günlerde, şafaklarda. Filizlensin varlık, şafak söksün. Yeşeren yollar bol olsun, sizlerin bize sunduğu. Topluluklar esenlikli olsun, dingin olsun.

İnsanlar kusursuz olsun, yetkin olsun. Yaşamak güzel olsun, sizlerden bize verilen. Ey sahip dev, yıldırımın izi, şimşeklerin ışıltısı, o çok bilge olanın izi, çok bilge olanın görkemi, kırlangıç, atmaca, sahip büyücüler, efendiler, göğün güçlüleri, var ediciler, yaratıcılar, o eski gizem, eski gizlilik, gündüzün dedesi, şafağın atası!..

Filizlensin varlık, söksün şafak!"

Böyle çığrışarak oynuyorlardı...

"Yaşasın gündüzün güzellikleri, sahip devler, göksel ruhlar, yersel ruhlar, sarıyı yeşili veren, kızları oğulları verenler! Bize çevirin yüzünüzü! Yeşili sarıyı dağıtın, yaşam verin, varlık verin soyuma, belime, oğullarıma! Dünyaya gelip size destek olsunlar, sizi beslesinler yolda belde dere kıyısında kayalarda ağaç altında kırda bayırda hep sizi ansınlar, çağırsınlar. Kızları olsun, oğlanları olsun! Dertleri tasaları olmasın! Önlerinde artlarında yalan bulunmasın! Düşmesinler, yaralanmasınlar, hayvanlar parçalamasın, ateş yakmasın! Ne yoldan yukarı yuvarlansınlar, ne yoldan aşağı yuvarlansınlar. Önlerinde arkalarında engel olmasın, tehlike olmasın! Yeşil yollar, yeşil kırlar verin onlara! Sizin gücünüzden büyüselliğinizden dokunca görmesinler! Ey göklerdeki ruhlar, ey yerlerdeki ruhlar, ey örtülü güçler, ey yağmur yağdıran, ey yanardağ, gökte yerde dört köşede dört bucakta, şafakta var olanlar, toplulukta var olanlar, ey tanrılar... Söze destek olanların, ağzınıza yüzünüze besin sunanların güzel olsun yaşamları!"

Böyle çığrışarak oynuyorlardı...

Alacakaranlık olmadan gün batıverir, gövdeler arasından kan akar iplik iplik, ince bir kızıllık ısıtır kurbağaların gözlerini, kemiksiz, yumuşak narin bir yığına dönüşür orman, dalgalanır buhur kokulu, limon yaprağı kokulu saçları.

Çıldırtan gece. Ağaç tepelerinde kurtların yürekleri çığırmakta. Erkek bir tanrı her çiçekte bir kız bozmakta. Rüzgârın dili yalamakta ısırganları. Yapraklar raks etmekte. Yıldız yok, gök yok, yol yok. Badem ağaçlarının aşkı altında kadın teni kokar çamur.

Çıldırtan gece. Suskunluk izler hışırtıyı, deniz izler çölü. Ormanın karanlığında duygular alay eder benimle: sesini duyuyorum katırcıların, davulların, kampanaların, taşlı yolda dörtnala giden atlıların; ışıklar, yanardağ patlamaları, farlar, fırtınalar, alevler, yıldızlar görüyorum; hırsız gibi haça çekilmiş duyumsuyorum kendimi, burnum hiç de yabancısı olmadığım barut, paçavra, tava kokularıyla dolu. Suskunluk izliyor hışırtıyı, deniz çölü. Çıldırtan gece. Karanlıkta hiçbir şey yok. Hiçbir şey yok karanlıkta. Yok, karanlıkta hiçbir şey...

Bağlayıp ellerimi birbirine raks ediyorum vuruşuna uyarak bir çığlığın: A-e-i-o-u! A-e-i-o-u!.. Sonra da çekirgelerin cızırtısı.

A-e-i-o-u! Daha yavaş! A-e-i-o-u! Daha yavaş! Hiçbir şey yok! Ben yokum tek ayakla dans eden ben! A-e-i-o-u! Daha yavaş! U-o-i-e-a! Daha! Kriiii-kriiii! Daha! Sağ elimi sol elimden çekip aldım koparırcasına –aeiou–, sürdürmek için dansımı –uoiea– ortadan ikiye ayrılarak –aeiou–, ama ellerimden sıkı sıkı tutup kriiii… kriiii!

Kamburlar öykümü hiç kımıldamadan dinlemekteler, tıpkı kilisedeki nişlerin içine yerleştirilmiş aziz heykelleri gibi, tek bir söz etmeden.

"Deli gibi dans ede ede koşarak geçtim kapkara yoldan, orada bir gölge seslenerek şöyle diyordu: 'Bu yol, yolların kralıdır, bu yoldan kim geçerse kral olur!' İşte orada yeşil yol arkamda uzanıyordu, sağımda kızıl yol, solumdaysa ak yol. Dört yol ağzı kesişiyor Xibalbá'nın önünde."

Nereye gideceğimi bilemeden kapanıvermişti tüm yollar bana; danıştım yüreğime, beklemeye durdum gün doğuşunu, yorgunluktan, uykusuzluktan ağlıyordum.

Acayip düşsel imgeler görünüyordu karanlıkta: gözler, eller, mideler, bağırsaklar, çene kemikleri. Pek çok insan soyu, soyundu kürklerini, koca ormanın üstünü örtmek için. İnsansı ağaçlarla dolu bir ormanda buluverdim kendimi şaşkınlıkla: Taşların gözü görünüyordu, yapraklar konuşuyordu, sular gülüyor, güneş, ay, yıldızlar, gökyüzü, yeryüzü hepsi kımıldanıyordu kendi başlarına.

Kıvrım kıvrım oluverdi yollar, görüntünün tümü uzaklardan gelen üzgün gizemli bir aydınlığa bürünmekteydi, eldivenden çıkan bir el gibi. Pamuk ağaçlarının gövdesini likenler sarıyordu. Yüksek yüksek meşeler orkideler sunuyordu. Güneşin yarı karanlıkta dağıtıp kana boyadığı bulutlara. Eğrelti otları hindistan cevizlerinin etli boynunda zümrütten yağmur damlalarını andırmaktaydı. Çamlar romantik kadınların kirpiklerinden oluşmuşa benziyordu.

Yollar karşıt yönlere uzanıp gözden yitince –gökyüzünün dört karşıt yönü vardır–, karanlık yeniden içine çekmeye başladı tüm varlıkları, gölgeler içinde un ufak edip eriterek bir bir hepsini.

Çıldırtan gece. Ay kaplanı, gece kaplanı, bir de tatlı gülümseyişin kaplanı karmakarışık ettiler yaşamı bana. Baykuş kanadı yere düşer düşmez geçtiler saldırıya; tam parçalamak üzerelerken dişleriyle tırnaklarıyla tanrı imgesini –o anda bendim tanrı imgesi–, gecenin yarısı dolanıyorlarken ayaklarıma yılan gibi, kıvrılan yolların üstünden geçtiği yaprak yığınları dört renkli ejderha gibi çözülerek tırmanıp benim ince yumuşak cildime pul pul etti soğuk, Karaderili kadınlar okşadı saçlarımı doygunluk içinde uyuyana dek, dişilerin erkeklerine yaptığı gibi. Ak kızlar alnımı taçlandırdı. Kukul* tüyleriyle örttü yeşiller ayaklarımı. Al kızlar da kutsal organlarımı...

"Titilganabáh!** Titilganabáh!" diye bağırıyor kambur insanlar. Öykümü sürdürmek için susturuyorum onları."

"Binlerce ejderha halkasının ortasında, kösnül şaşkın, toprağa kök salmanın can çekişini, cinselliğini duyumsadım. Gece o denli karanlıktı ki, dağdaki taşları dövüyordu nehirlerin seli. Dağlardan ötedeyse Tanrı, çılgın bir dişçi gibi kökünden söküyordu rüzgârın eliyle tutup ağaçları."

"Çıldırtan gece! Yeşilliklerin dansı! Kara bulutlar altında birbirini kovalıyor palamutlar, akıtarak yelelerinden damlayan suları. Yeşilliklerin dansı! Çıldırtan gece! Toprağı özleyerek büyüyüp dallandıradurdu köklerim. Delip geçtim kentleri, kuru kafaları. Köklerimle duyumsadım o devinimin özlemini. Hiçbir esintinin olmadığı, kanın canın olmadığı, Tanrı'nın kafasını dolduran eterde*** eterin olmadığı o devinimin özlemini."

---

* *Kukul:* Quetzal - Guatemala'nın simgesi olan çok güzel bir kuş; kutsallıkla nitelendirilir. –*çev.*

** *Titilganabáh:* Titil-Gana-Abah Altın derilinin dört renkli ejder anıldıktan sonra şefliğe yükseldiğini anlatan çığlık. –*çev.*

*** *eter:* Esir; eski filozoflara göre atmosferin ötesini ve varlık oylumunun tüm boşluklarını dolduran kurgusal araç ya da ortam, İng. *aether*, İsp. *éter*. –*çev.*

"Titilganabáh! Titilganabáh!"

"Sayısı belirsiz adı bilinmedik köklerin boyunca limonsu solukluğum (Altın derili), katran karası gözlerimin, gözaltlarım, tüm yaşama sürecim başı sonu belli olmayan, hepsi buğulaşıp uçtu imbikten süzülürcesine."

"Titilganabáh!"

"Ondan sonra... -yorgun argın bitirdim sözlerimi-, onlar beni duyar, onlar beni tadar, onlar beni görür..."

Nice derinlere dal sam, onca sızlıyor yüreğim! Ama şimdi anımsıyorum buraya Guatemala söylencelerini dinlemeye geldiğimi. Sizden tek dileğimse susmanızdır, dilinizi sıçan yemişçesine...

Gece yorulmuş bir hayvan gibi bel bel bakmakta. Dükkânda da gece oluyor, geziniyor bahar kokuları havada, sineklerin uçuşması bozuyor kaynayan imbiğin ritmik fısıltısını, kaba tuğladan duvarlara kuşlar konduruyor damdaki sapların arasından sızan ışık.

"Kör, yolu köpeğin gözüyle bulur!.." diyor Don Chepe.

"Kanatlarsa bizi göğe bağlayan zincirlerdir..." diyor Ninya Tina.

Kesiliveriyor söyleşi.

(Çeviri: A. Cengiz Büker)

Yanardağın Efsanesi

Çok uzak bir yüzyılda, bir tek gün,
yüzyıllarca sürmüştü.

Ağaçlar ülkesinde altı kişi yaşıyordu: Bunlardan üçü rüzgârla gelmişti, üçü de suyla. Ama ancak üçü görünüyordu. Üçü ırmağın içinde saklı yaşıyordu ve onları ancak rüzgârla gelmiş olanlar, su içmek için dağdan indikleri zaman görürlerdi.

Ağaçlar ülkesinde altı kişi yaşıyordu.

Rüzgârla gelen üçü, mucizeler ekili kırların sereserpeliğinde koşar eğlenirlerdi.

Suyla gelen üçü de, meyveleri kemirmek, ya da renk renk, sürü sürü kuşları ürkütmek için ırmak kıyısından yükselen ağaçların içinde, daldan dala atlayıp sallanırlardı.

Rüzgârla gelen üçü, gün doğmadan önce kuşlar gibi dünyayı uyandırırlardı. Ve hava karardığı zaman da, sudan gelen üçü, ırmağın tabanındaki solgun ve yumuşak bitkilerin üstüne balıklar gibi, sanki güçleri tükenmişçesine, boylu boyunca uzanırlardı; dünyaya, gün batmadan huzur ve sükûn verirlerdi.

Rüzgârla gelen üçü, kuşlar gibi meyvelerle beslenirlerdi.

Suyla gelen üçü de tıpkı balıklar gibi yıldızlarla beslenirlerdi.

Rüzgârla gelen üçü, gecelerini ormanlarda, göze görünmeyen yılanların bir anda hışırdayarak süzüldükleri yaprakların altında, ya da ta yukarılarda dalların arasında, sincapların, pizot maymunlarının, makakların, leguanların arasında geçirirlerdi.

Suyla gelen üçü, rahat ve çamurlu çukurlarda saklanarak, ya rüyalı savaşlarda biter tükenircesine çarpışan, ya da ağaç kütüklerinden oyularak yapılan kayıklar gibi, uyumak için kıyıya yanaşan timsahların sığındıkları köşelerde uyurlardı.

Ağaçlardaki rüzgârla ve sularla kayıp giden rüzgârla gelen üç kişiyle, suyla gelen üç kişi, meyvelerin iyilerini kötülerinden ayırmaksızın açlıklarını gideriyorlardı. Çünkü ilk insanlara akıl, meyvelerin kötüsü olmadığını anlasınlar diye verilmişti. Meyveler yetiştikleri ağaca göre, ister ekşi, ister tatlı, hepsi de toprağın kanını taşıyordu.

"Bir kuşun içindeki dağ", karaların ruhu "Nido!" diye cıvıldadı.

Rüzgârla gelenlerden biri, çevresine bakmak için ardına döndü. Arkadaşları onu, aslında kuşların yurdu anlamına gelen bir adla, "Nido!"* diye çağırdılar.

"Bir kuşun içindeki dağ", onlara, baba ve analarından kalmış bir anıydı; karaya erişmek için denizde öldürdükleri, yağmur birikintisi renginde dört ayaklı bir yük hayvanı... Tabanlarındaki iki kara haç işaretini gizleyen, altın renginde gözleri olan, yakalanmış balıklar gibi kokan, bir elin en küçük parmağı gibi minicik, narin bir hayvandı bu.

Onun ölümüyle nemli kıyılara ulaştılar. Şifa verici büyülü bir sözün çınlayışına benzeyen kıyılara çıkıp doğruldular: Uzakta dağınık gibi duran kızılağaçlar, ormanlar, zincirleme uzayıp giden dağlar, oyuk yataklarında uyuklayan nehir... Ağaçlar ülkesiydi burası!

---

* Nido: İspanyolca "yuva"/"kuş yuvası" demektir. Nido, Maya yıllıklarında geçen efsanevi bir kişiliktir. *–çev.*

Denize yakın ve elmas parıltısı gibi zarif olan bu tabiatın içine rahatça sokuldular, yakındaki dağların tepelerine kadar vardılar. Susuzluklarını dindirmek için ırmağa ilk kez yaklaştıkları zaman, üç kişinin suya düştüğünü gördüler.

Nido, hiç konuşmadan sularda kendi tasvirlerini seyreden arkadaşlarını –bunlar hareket edebilen garip bitkilerdi– yatıştırdı:

"Suya düşenler maskelerimizdir. Bunların gerisinde yüzlerimiz saklı! İkinci yüzlerimiz sayesinde kendimizi gizleyebiliyoruz. Onlar bizim anamız babamız. Karaya ulaşmak uğruna denizde öldürdüğümüz 'bir kuşun içindeki dağ'dı. Bizim koruyucu ruhumuz, bizim anamız!"

Orman, denizin karalar üzerinde uzayıp giden devamıydı. Dalların altında âdeta camdan yeryüzünün alacakaranlığında hafif hafif parıldayan, mavi renkli ve derinlerde ham meyvelerin yeşilliği içinde titreyen sıvı hâlinde bir hava.

Deniz yeni çekilmiş gibiydi. Her yaprağın, her sarmaşık dalının, her sürüngenin, her çiçeğin ve her böceğin üzerinde suların ışığa dönüşerek parıldadığı görülüyordu.

Orman, hızla büyüyüp genişledi. Sımsıkı boy atıp şahlanarak, gıcırdayıp çatırdayarak, engerek yılanında olduğu gibi anlamsız bir döl bereketiyle volkana kadar ulaşarak yükseldi ve genişledi orman: Kayalara çarpıp parçalanarak sıçrayan, ya da tabanları üzerinde yürüyen hayvanların kelebekler resmettiği ve güneşin ak yuvarlaklar hâlinde halkalar çizdiği çayırlar üzerinde yolunu şaşıran bir yapraklar okyanusu...

Bulutların içinden çatlayarak dökülen bir şey, o üç insanı hayranlıklarından kopararak ayırdı.

İki dağ, aynı anda nehirde olduğu gibi, göz kırptı: Cabrakan adı verilen dağ, kolları arasında bir ormanı sıkıp çatırdatabilecek ve bir şehri sırtlayıp kaldırabilecek kadar güçlüydü. Yeryüzünü yangın yerine çevirmek amacıyla içindeki ateşi kustu.

Ve dünyayı tutuşturdu.

Hurakan adı verilen bir bulut dağı, krater yarığını tırnaklarıyla delmek için volkanın yanından yükseldi.

Gökyüzü ansızın bulutlandı. Gün, güneşsiz ve sessiz durakalırken, kuşlar korkulara düşüp yüzlerce sazın meydana getirdiği çitlerin arasından süzülüp kaçarken, ılık dünyanın üstündeki ağaçlar gibi savunusuz, rüzgârla gelmiş o üç insanın feryatları hemen hiç duyulmuyordu. Karanlıkta maymunlar kaçışıyordu. Kaçışlarının yankısı dalların arasında kayboluyor, gerilerde kalıyordu. Geyikler, bir soluk gibi hızla hışlayarak akıp geçiyordu. Hantal, donuk kül rengi gözlü dağ domuzları, dönüp dolanarak birbirlerine giriyor, dev bir yumak gibi yuvarlanıyordu.

Step kurtları, birbirlerine sürtündükleri zaman hırlaşıp dişlerini göstererek kaçışıyorlardı. Nasıl da sürekli bir sıtma nöbetiydi bu!

Bukalemunlar korkudan renklerini değiştirerek kaçışıyorlardı. Keseli fareler, leguanlar, pakaslar, ada tavşanları, yarasalar, kara kurbağalar, yengeçler, sürüngen ve pullu koteteler, taltuzalar, pizot maymunları, gölgeleri ölüm saçan uçan yılanlar...

Kayalıklarda yaşayan su samurları, hem kamçılı yılanlar hem ıslık çalan yılanlar hem de sıra dağlar zinciri boyunca, insana bir posta arabasıyla kaçış izlenimi veren çıngıraklı yılanlar tarafından kovalanarak kaçıyordu. Çıngırak şıngırtıları, kâh orada, kâh burada kendilerine açık bir yol bulmak için kafalarıyla toprağı bir burgu gibi delip girmeye çabalayan kamçılı yılan kırbaçlarının şaklamaları, havayı delip geçen ıslıklarla birleşiyordu.

Bukalemunlar kaçışıyordu. Tapirler kaçıyordu. O devirlerde, bakışlarıyla bile öldüren, baziliskalar kaçıyordu. Jagarlar (güneş benekli bir ağacın yaprakları), yumuşak derili pumalar, Brezilya timsahları, köstebekler, kaplumbağalar, fareler, pis kokular saçan Amerika sansarları, sırtları sert pullarla örtülü Brezilya domuzları, kirpiler, sinekler, karıncalar...

Ve taşlar, büyük sıçramalarla, ölü tavuklar gibi oldukları yerde devrilen pamuk ağaçlarına çarparak kaçıyorlardı. Sonra, dillerinde vahşi susuzluktan gelen ak köpüklerle sular, dünyanın toplardamarlarındaki kan, geyik tırnakları, tavşanayakları, puma ve jagar pençelerinin, Güney Amerika kurtlarının bu koşuda açtıkları ayak izlerini yok ederek aşağıya doğru inen lavlar. Kaynayan ırmaktaki balık izleri, par par yanan ışığın ipince tozuyla aydınlatılmış gökteki kuşların izleri. Yıldızlar kirpikleri ıslatmaksızın gözler önünde denize iniyordu; yeryüzünün ellerine düşüyordu. Bunların yıldız olduğunun farkında bile olmayan o kör dilenci kadının ellerine. Kendini yakmasın diye bunları basıp basıp söndürüyordu.

Nido, arkadaşlarının kaçıp kaybolduklarını gördü. Sudaki benzerlerinin, gökten şimşeklerle inen ateş tarafından, mısır tarlaları arasında nasıl sürüklenip götürüldüğünü gördü. Ve kendini yalnız başına bulduğu zaman, bir özlü sözün sembolü oldu.

Bu özlü söz şöyleydi:

Çok uzak bir yüzyılda, bir tek gün,
yüzyıllarca sürmüştü.

Baştan başa bir öğle vaktiydi o gün. Hiç el sürülmemiş kaynaklar kadar berrak, açık kristalden yapılmış, akşamın alacakaranlığı ve sabahın kızıllığı nedir bilmeyen bir gündü.

Ona kalbi "Nido," diyordu, "bu yolun sonunda..."

Ne dediğini duymak için, çok yakından uçup giden bir kırlangıç yüzünden konuşmasını kesti.

Ve bundan sonra kalbinin sesini boş yere bekledi. O sırada onun yerine, sanki bir başka sesin, ruhunda meçhul bir ülkeye yolculuk isteğini uyandırdığını duydu.

Kendisine seslendiklerini duydu. Yuvarlak bir "Yılan Çöreği" üzerindeki süs gibi, araziye çizili küçük yolun sonsuzluğundan, ona çok derin bir ses geliyordu.

Yolun üzerindeki kumlar, o üzerinden geçip yürüdükçe, bir kanat oluveriyordu. Ve onun arkasında, yeryüzünde hiçbir iz bırakmayan, ak bir çizginin gökyüzüne yükseldiği görülüyordu.

Yürüyor, yürüyordu...

Ve önünden giden bir ses bütün gökyüzünü kaplıyordu.

Bulutlar arasındaki çanlar onun adını durmadan tekrarlıyordu:

Nido!
Nido! Nido!
Nido!
Nido!
Nido! Nido!

Ağaçlar kuş yuvalarıyla doluydu. Ve o bir ermiş, bir zambak ve bir çocuk gördü. Ermiş, çiçek ve çocuk –İsa'nın üçüzlü kişiliği– onu kaplamıştı. Ve şunları duydu:

"Nido, bana bir tapınak kurmanı istiyorum!"

Bu ses, rüzgârın savurduğu bir gül demeti gibi, yaprak yaprak dağılıyordu. Ve ermişin elinde zambaklar, çocuğun dudaklarındaysa bir gülümseyiş açılıyordu.

Sedefli bir bulutun içinde, o uzak ülkeden, yuvaya tatlı dönüş. Volkan yüreğini yatıştırıyordu. "Yeryüzü, onun içinde, seller gibi boşanıp ağlamış, gözyaşlarından bir göl olmuştu." Ve henüz genç olan Nido, yüzyıllarca süren o günden sonra bir pirifanî olarak geriye döndü. Yüzyıllarca süren o gün, bir tapınağın çevresinde, yüz kulübeli bir köy kurmaya ancak yetmişti.

(Çeviri: Tahir Alangu)

Haşhaş Çiçeğinin Efsanesi

✵

> Ve avlularda Cadejo dolaşıyor,
> saçları örgü örgü kızları uğurluyor,
> ve atların yelelerini düğümlüyor.

Madre Elvira de San Francisco, Santa Catalina Manastırı başrahibesi, bir zamanlar Convento de la Concepcion Manastırı'nda, akşamları kutsal ekmek dağıtımına hizmet eden bir rahibe adayı idi. Güzelliğiyle çevresine ün salmış bir genç kızdı ve öylesine kötülükten uzak konuşuyordu ki, sözcükler dudaklarında incelik ve zarifliğin çiçekleri gibi görünürdü.

Bu rahibe adayı, camsız geniş bir pencereden, yaz sıcaklarından kavrulmuş kuru yaprakların havada uçuştuğunu, ağaçların çiçeklerle donandığını, olgun meyvelerin manastırın yanındaki bahçelere düştüğünü görürdü; dalların çatlamış duvarları ve yer yer açılmış çatılarını sarıp gizleyerek, ortalığı baharlı mühür mumu ve yaban gülü kokularına boğarak, hücrelerini, geçitlerini cennete çevirdiği yan yapıları seyrederdi. Bu yapılara, rahibelerin yerine, gül renkli ayaklarıyla güvercinler yerleşmiş, yurt edinmişlerdi; kronikçilerin bayram kameriyesi dedikleri yerlerde, avare dolaşan Güney Amerika karatavuğunun (Cenzontle'nin) titrek melodileri ilahiler yerine havayı çınlatırdı.

Dışarıda, pencerenin önündeki basık hücrelerde, içinde kelebeklerin ipek gibi kanatlarının tozlarını cilaladığı sessizlikte kertenkelelerin oradan oraya koşuştuğu, puslu, ılık gölgeler birleşiyordu.

Ve içeride, Tanrının tatlı huzurunda, melekler meyvelerin kabuğunu, İsa'nın portakalın çekirdeği gibi uzunca olan özünden ayırmak için soyarlarken –sen gerçekten erişilmez bir Tanrısın– Elvira de San Francisco, ruhunu ve bedenini çocukluğunun evi ile birleştirirdi. Kilitleri ağır, gülleri büyüleyici, kapıları rüzgârın uğultuları arasında inildeyen, duvarlara tertemiz bir cam üstündeymiş gibi yalakların suyunda yansıyan bir evdi bu.

Şehrin sesleri, pencerelerin suskunluğu önünde susar kalırdı. Demir almadan önce limanın şamatasını dinleyen bir yolcunun gönlünü dolduran hüzün, yarıştan sonra atından sıçrayarak inen bir erkeğin gülüşü... Bir arabanın tekerlek sesleri, ya da bir çocuğun ağlayışı, hepsi burada duraklar kalırdı.

Gözlerinden o atlar, o arabalar, o adamlar, o çocuklar geçerdi. Bunlar köy manzaralarının içinde, gökler altında hatıralarından yükselirlerdi. Kayıtsız yüzleriyle teknelerin bilge bakışlarını büyüler, yaşlı beslemeler ve hizmetçiler gibi sabırlı, su çevresine çömelirlerdi.

Ve kokular manzaralarla birlikte geliyordu. Gökyüzü gök kokuyordu; çocuklar çocuk kokuyordu; tarlalar tarla kokuyordu; arabalar ot kokuyordu; at, yaşlı gül ağacı kokuyordu; erkek, ermiş heykelleri gibi kokuyordu; tekneler gölge kokuyordu; gölgeler pazar gününün suskunluğu gibi ve Efendinin suskunluğu da, temiz çamaşırlar gibi kokuyordu...

Hava kararıyordu. Gölgeler düşüncelerini söndürüyordu. Güneş ışınlarından bir demet içinde kaynaşan toz zerreciklerinin parlayışı. Çanlar fısıldamadan, dudakları, akşamın kadehine çağırıyordu. Öpücüklerden dem vuran kim? Rüzgâr helyotropları* sallıyor. Helyotropları mı, yoksa denizaygırlarını mı? Küme küme çiçeklerin içinde kolibriler, Tanrıya duydukları özlemi dindiriyordu. Öpüşlerden dem vuran kim?..

Aceleci ayak takırtıları onu yerinden sıçrattı. Yankılar koridorda birbirine karıştı...

Yanlış mı duymuştu? O uzun kirpikli bey miydi bu? Cuma günü geç vakit, kutsal ekmeği almak için önünde duran, kendisini buradan dokuz köy ötede hazreti Meryem vadisindeki bir tepenin üstünde yükselen küçük ve kutsal bir kiliseye götürmek için buradan geçen, o bey miydi bu acaba?

"Haşhaş Çiçeği" diyorlardı bu beye. Ayaklarını sanki rüzgârdan almıştı. Teke adımlarıyla önünde durduğu zaman ona bir hayalet gibi görünmüştü. Şapkası elinde, altın gibi parlayan küçücük çizmeleriyle, mavi bir pelerine sarınmış ve kutsal ekmekten alan kadınları kapının eşiğinde beklemişti.

Evet, oydu. Ama şimdi çok telaşlıydı, bir felaketten korunmak istermiş gibi, uçarcasına içeriye dalmıştı.

"Kızım, kızım," diye bağırmıştı, "senin saçını kesmek istiyorlar, saç örgülerini kesmek istiyorlar, örgülerini kesmek istiyorlar."

Rahibe adayının rengi attı, irkildi, adamın içeriye girdiğini görünce kendini kapıya atmak istedi. Ama ayaklarında, kötürüm bir rahibenin ölmeden önce giydiği, daha sonra da acıyarak ona verdikleri ayakkabılar vardı. Adamın bağırdığını duyunca, hayatını hareketsiz geçiren rahibe adayı bu ayakkabıları giydi ve tek adım atamadı, durakladı kaldı...

Bir hıçkırık, boğazında bir yıldız gibi parladı. Kuşlar, boz renkli, yamru yumru harabeler arasındaki alacakaranlığı parça parça doğradı. Dev gövdeli iki okaliptüs ağacı, günah çıkarma ilahisini söylemeye başladı.

---

* *Helyotrop:* Özünden esans elde edilen bir tropikal çiçek. *–çev.*

Bir cesedin ayağına bağlanmış, organları birbiri ardından incelen ve soğuyan hastalar gibi, teselli kabul etmez şekilde, kıpırdamadan gözyaşlarını sessizce yutarak ağladı. Sanki ölmüştü, gömülmüştü; mezarında –mezarının toprakla doldurduğu yetimlik elbisesinden– beyaz sözcüklerin, gül fidanlarının açıp yükseldiklerini hissetti. Yavaş yavaş kaygısı, ince ve zarif çınlayışlı bir neşe hâline geldi... Rahibeler, –yürüyen gül fidanları– Meryem Ana'nın mihrabını süslemek için birbiri peşine gülleri kesiyorlardı. Mayıs güllerle dolup taşıyordu. İçinde, bizim sevgili Meryem Ana'mızın, ışıktan, sivrisinek gibi titreyerek uzandığı bir örtü yayılıyordu...

Ölümünden sonra, bedeninin çürüyüşünü hissedişi, belli belirsiz bir mutluluktu onun için.

Bulutların arasında ipi birdenbire kayboluveren bir uçurtma gibi, saç örgülerinin ağırlığı, başının üstünden yok oldu. Ve sanki derisi ve saçlarıyla birlikte aşağıya, cehenneme doğru çekiliyordu. Saç örgülerindeydi bütün sırrı. Korkuyla dolu zaman kırıntıları, bir solukluk zaman parçaları.

Bilinci eridi gitti ve şeytanların üfleyişleriyle ileriye doğru sürüklenirken bir şeyler duyar gibi oldu, kendini yeniden toprak üstünde hissetti. Bin bir gerçeğin yelpazesi üstünde açılıvermişti: kıtır kıtır tatlı yaprak dilleriyle gece, mihrap kokuları saçan iğne çamları, rüzgârın saçlarında hayatın çiçek tozları, teknedeki suyun yüzünü kazıyarak temizleyen ve eski kâğıtların peşinden seğirten gövdesiz ve renksiz kedi.

Pencere ve o, gökyüzü ile dolup taştılar...

"Kızım, kutsanmış ekmeği yerken Tanrı senin ellerinin tadında!" diye fısıldadı pelerinli adam. Bu sırada gözlerinin ateşi üzerine kirpiklerinin pasını düşürmüştü.

Rahibe adayı, bu dinsizce sözleri duyunca kutsanmış ekmekten ellerini çekti... Hayır, rüya değildi bu... Sonra kolunu, omuzlarını, boynunu, yüzünü, saç örgülerini yokladı... Soluğunu kesti; bir yüzyıl kadar uzun bir an, elleriyle örgüsünü yoklayıncaya kadar... Hayır, rüya değildi bu. Saç örgülerinin ılık teması altındaki kadınlık süslerini şimdi bir kadın olarak ayrımsıyordu. Haşhaş Adam, şeytani düğünü ile meşgulken, bir tabut gibi upuzun odanın ta dibinde yanmakta olan bir mum vardı sadece. Bu ışık, âşığın akıl almaz gerçekliğini dimdik ayakta tutuyordu, tek şahitti. Son ayinde yarasaya dönüşmüş, bir İsa gibi kollarını açmıştı ve kızın eti olmuştu! Rahibe adayı, bu cehennemî hayalden kendini kurtarmak için gözlerini kapadı. Erkekliği ile kendini okşayan adam hâlâ orada, kadın hâline geldiği yerde –bütün hırsların en iğrenciydi bu– dikilip duruyordu. Yuvarlak, solgun göz kapakları indikçe, acılara batmış kötürüm rahibe adayı ayakkabılarından kurtuldu ve hemen doğruldu... Gölgeleri aştı, kapandaki fareler gibi oradan oraya koşuşan göz bebekleriyle, içinin uçurumundan fırladı çıktı. Perişan, sağır, solgun yanakları, –gözyaşlarının iğne yastığı– ve kendi ayaklarıyla taşıdığı bir yabansı ölüm savaşının iniltili solukları arasında, görünmez alevler içindeki sırtında uzanan saç örgülerinin katransı dalgalanmalarını tiksinerek gördü...

Kendinden geçti. Bir ceset ve bir erkek arasında, büyülenmiş olmanın sonsuz hıçkırıkları dilinde, kalbi gibi onu da zehirlenmiş duyarak yarı çılgın bir durumda, kutsanmış ekmeği ortalığa saçarak makasına saldırdı. Ve onu bulunca, örgülerini kesti ve onun büyüsünden kurtulunca kaçtı. Artık ayakları, ölen kötürüm rahibenin ayakları olmaktan çıkmıştı, başrahibe ananın güvenlik verici sığınağına koştu...

Ama yere düşen saç örgüsü, o eski örgü değildi artık; kımıldıyordu. Yerlere saçılan kutsanmış ekmeklerin yastığı üzerinde kıvrıla büküle yürüyordu.

Haşhaş Adam, ışığa doğru döndü. Kirpiklerinde, sönen bir kibritin kükürtlü başının son alevciğine benzer gözyaşları titreşiyordu. Boğuk hırıltılarla, gölgesini kıpırdatmadan duvara yaslanarak kaydı. Sessizce kendi kurtuluşu saydığı alevlere doğru atılmak istiyordu. Az sonra, bu yavaş ve ölçülü gidişi, dehşete düşmüş bir kaçış hâline döküldü. Başsız bir yılan kutsanmış ekmek yığınından çıktı, bükülüp kalkındı ve onun peşine düştü. Ölü bir hayvanın kara kanı gibi ayaklarına akarak kaydı. Ve o, ışığı yakaladıktan sonra, birdenbire yerden yükseldi. Fışkıran suların rahat ve kolay şaklamasıyla, kamçı ipi gibi mumun çevresine dolandı. Eriyip tükeninceye, onun ruhunu ağlatıp inletinceye, onunla birlikte ebediyen kayboluncaya kadar bırakmadı. Ve böylece Haşhaş Adam sonsuzluğa ulaştı. Kaktüsler hâlâ onun için gözyaşları dökerek ağlar durur.

Alevler şamdanın içinde sönünce, örgü kendiliğinden çözülüp yere düşünce, iblis, bir soluk gibi örgüden geçip gitti. Fitildeki alev sönünce, bitkin, yere yıkıldı.

Ve Haşhaş Adam gece yarısında Cadejo'ya dönüştü. Uzun bir hayvan -bir koçun iki katı iriliğinde, dolunayda salkım söğüt gibi de sallanır–, teke pençeli, tavşan kulaklı ve yarasa yüzlü... Haşhaş Adam, zamanla Madre Elvira de San Francisco hâline gelecek olan rahibe adayının saç örgüsü onu cehenneme sürükledi. O ise bu sırada, meleklerin gülüşleri arasında, hücresinde diz çökmüş, zambakların ve mistik kuzuların düşlerini görüyordu.

(Çeviri: Tahir Alangu)

TATUANA'NIN EFSANESİ

✲

Casa-Mata'dan Tatuana
süzülüp geçiyor.

Usta Badem Ağacı'nın gül pembe bir sakalı var. O, beyaz adamların ellerini değdirerek yokladıkları rahiplerden biriydi. Çünkü beyaz adamlar, onların som altından olduklarını sanıyorlardı, öylesine ihtişamla giyinip kuşanmışlardı. Her şeyi iyi eden, şifalar veren bitkilerin sırlarını biliyordu. Konuşan taşın, kara kehribarın kelime hazinesini ve gökyüzündeki hiyeroglif resimleri gibi burçları okumayı da bilirdi.

O, vaktiyle ormanda, şimdi bulunduğu yerde, kimse ekmeden, kendiliğinden bitivermiş bir ağaçtı. Sanki onu oraya ruhlar getirmişti. Oradan oraya göçen bir ağaç... Bu ağaç, gördüğü aylara göre, yılı dört yüz gün olarak sayardı. Bütün ağaçlar gibi, o da, çok ağaçlar görmüştü, bereketli topraklardan buraya hayli yaşlıyken gelmişti.

Balıkçıbaykuş ayı (dört yüz günlü yılın yirmide biri de budur ya) devrini doldurur ve en parlak çağına girerken, usta, ruhunu yollara bölerek yola çıktı. Dört tane yol vardı. Bunlar birbirlerine karşı yönlere, gökyüzünün dört sonuna doğru gidiyordu. Kara son: büyülü gece. Yeşil son: ilkbahar fırtınası. Kızıl son: Guacamayo kuşu*, ya da tropik bereketi. Ak son: vadedilmiş yeni ülkeler. Dört yol bunlardı.

---

* *Guacamayo (kuşu)*: Amerika kıtasına özgü bir papağan türü. –*çev.*

"Yolcağız! Tıpış tıpış giden yolcağız!" diye seslendi ak bir güvercin ak yola. Ama ak yol, onu duymadı. Kuş, yolun kendisine, düşlerin sıtmasını geçiren ruhunu vermesini istiyordu. Güvercinler ve çocuklar bu kötülüğün ıstırabını çekiyorlardı.

"Yolcağız! Tıpış tıpış giden yolcağız!" diye kızıl bir yürek, kızıl yola seslendi. Ama kızıl yol, onu duymadı. Yürek, onu eğlendirmek istedi, ustanın ruhunu unutsun diye... Ama kalpler hırsızlar gibidir: Unutulmuş şeyleri bir daha geriye vermezler.

"Yolcağız! Tıpış tıpış giden yolcağız!.." dedi yeşil yola, yeşil bir asma. Ama yeşil yol, onu duymadı bile. Ustanın ruhu ile yaprak ve gölge borçlarının bir kısmını olsun ödemek istiyordu.

Kim bilir ne kadar ay, bu yolların geçip geçip gittiğini gördü acaba?

Kim bilir ne kadar ay, bu yolların geçip geçip gittiğini gördü acaba?

Onlardan en hızlısı olan kara yol, geçip giderlerken kimselerin durup da kendisiyle konuşmadığı yol, şehirde durdu, meydanı bir baştan bir başa geçti ve çarşıda, ustanın ruhunu, birazcık mola karşılığı paha biçilmez mücevherler tacirine verdi.

Ak kedilerin saatiydi. Oradan oraya koşuşuyorlardı. Gül fidanlarına hayranlık. Bulutlar, çamaşırlar gibi göksel kurutma yerlerinde asılı.

Badem Usta, kara yolun yaptıklarını duyunca, yeniden insan kılığına girdi, küçük bir gölge bitkisel kılığından soyundu, ayın altında bir badem çiçeğinin utançlı kızıllığı ile çıktı, kasabanın yolunu tuttu.

Bir günlük yolculuktan sonra akşam çökerken, sürülerin döndüğü saatte vadiye ulaştı. Çobanlarla konuştu. Bunlar, karşılarındaki bir hayaletmiş gibi, yeşil harmanisine mi, yoksa gül pembe sakalına mı şaşacaklarını bilemeden bütün sorularına tek heceli cevaplar verdiler. Gün batımına kadar kasabada döndü dolaştı. Kadınlar ve erkekler çeşmelerin çevresinde toplanmışlardı. Sular boşalıp testileri doldururken öpüş sesleri çıkarıyordu. Peşindeki gölgelerle yürüyerek, kara yolun paha biçilmez mücevherler tacirine trampa için verdiği ruhunu çarşıda buldu. Tacir, onu altın kilitli billur bir sandığın ta dibine saklamıştı.

Vakit kaybetmeden, bir köşeye çömelmiş tütün içmekte olan tacire yaklaştı. Ve ruhunun onda olan bir parçası için, yüz kile inci teklif etti.

Tacir, Usta'nın budalalığına güldü. Yüz kile inci mi? Hayır, onun mücevherlerine paha biçilmezdi. Badem Usta, daha da fazla şey teklif etti. Tacirler istedikleri verilene kadar reddederler. Ona, mısır tanesi iriliğinde zümrütler verecekti, fıçılar dolusu, zümrütten bir göl doluncaya kadar.

Tacir, bu Usta'nın budalalığına güldü. Zümrütten bir göl mü? Hayır, onun mücevherlerine paha biçilmezdi.

Ona muskalar verecekti, suları yanına çağırabilsin diye geyik gözü, fırtınaya karşı da tüyler, tütünle içsin diye mest edici değerli macunlardan verecekti...

Tacir hepsini reddetti.

Ona, zümrütten gölünün ortasına bir masal sarayı kursun diye değerli taşlar verecekti.

Tacir reddetti. Mücevherlerine paha biçilmezdi. Ve üstelik –neden daha fazla konuşacaklardı?– o, bu ruh parçasını esir pazarında verip, karşılığında en güzel cariyeyi alacaktı.

Ve o ne söylese ve teklif etse beyhudeydi. Ruhuna yeniden sahip olmanın kendisi için çok önemli olduğunu, ona ne kadar söylese, beyhudeydi. Tacirler kalpsiz olur.

Bir iplik tütün dumanı, gerçeği düşten, kara kediyi ak kediden ve taciri garip müşteriden ayırdı. Badem Usta, dışarıya çıkarken sandallarını kapının eşiğine vurarak temizledi. Dökülen tozların içinde beddualar, lanetler vardı.

Bir yıl geçti, dört yüz gün sonra –efsane anlatmaya devam ediyor– tacir, Kordillere dağlarının yüksek yollarına düştü. Sonra da, Usta'nın ruhu karşılığında satın aldığı cariyeyle birlikte, uzak ülkelerden geriye döndü. Yanında, gagasında bal damlaları yakuta dönüşen çiçek kuşu, otuz tane de atlanmış uşak vardı.

Tacir, soylu atının dizginlerini çekerek cariyesine dedi ki: "Bilmezsin, kasabada ne güzel bir hayat süreceksin! Evin bir saray olacak, bütün uşaklarım senin emrinde olacaklar, emredersen onların el pençe divan duranı, en boynu büküğü ben olacağım!"

"Orada," diye devam etti, yüzünün yarısı güneşle aydınlanıyordu, "her şey senin olacak. Sen bir mücevhersin ve ben da paha biçilmez mücevherlerin taciriyim! Sen, bir göl dolusu zümrüde değişmediğim bir ruh parçası değerindesin!.. Bir uyku ağının içinde, güneşin batışını ve günün doğuşunu birlikte seyredeceğiz. Ve hiçbir iş yapmayacağız. Benim bahtımı bilen kurnaz ihtiyar kadının hikâyelerini dinleyeceğiz. O diyor ki, benim bahtım, dev bir elin parmaklarındaymış. Eğer öğrenmek istersen, senin de bahtını öğreniriz."

Cariye manzaraya döndü. Renkleri mavinin durmadan değişen tonları içinde eriyip süzülen, sonunda da uzaklık içinde emilip kaybolan manzaraya. Ağaçlar, tıpkı kadın gömleklerinin renkli işlemeleri gibi, yolun iki yanında, hayran kalınacak örnekler örüp dokuyorlardı. Kuşlar uyuyormuş gibiydiler, kanatsız... Gökyüzünün sükûneti ve granit taşlarının suskunluğu içinde, hayvanlar yokuş yukarı tırmanırken insanlar gibi soluyordu.

Cariye çıplak yürüyordu. Memelerinin üzerinden bacaklarına kadar uzanan kara saçları dalgalanıyordu; yılan gibi tek örgü hâlinde birbirine dolanmıştı. Tacir, sırmalar kuşanmıştı, omuzları üzerinde oğlak yününden yapılmış bir örtü vardı. Ateşler içinde ve tutkundu, hastalığının titremelerine kalbinin çarpıntıları yoldaşlık ediyordu. Ve otuz atlı uşak, göz bebeklerinde bir rüyanın figürleri gibi görünüyordu.

İri, tek tük düşen damlalar ansızın yolu noktaladı. Bu sırada uzaklardan, dağ sırtlarından, fırtına korkusuyla sürülerini çevrelerine toplamaya çabalayan çobanların bağrışmaları duyuldu. Kafiledeki hayvanlar bir sığınak yerine ulaşabilmek için hızlandı. Ama artık vakitleri kalmamıştı. İri damlalar düşmeye başlamıştı ki, rüzgâr bulutları kamçıladı, ormanları yerlere serdi, vadiye ulaşıncaya kadar koştu, sislerin akıntılı ve çapaklı örtüsünü vadi üzerine acele çekti. Ve ilk şimşekler, fırtınadan bir enstantane yakalamak isteyen magnezyum patlamaları gibi, manzarayı birbiri peşine aydınlattı.

Darmadağın olmuş, parçalanmış dizgin ve koşumlarıyla, havaya uçan nalları, rüzgârda uçuşan yeleleri ve arkaya yatmış kulaklarıyla hayaletlere dönmüş atların arasında, atının tökezlemesi, taciri bir ağacın dibine yuvarladı. Aynı anda ağaca göz kamaştıran bir ışık düştü. Bir taşı yakalayan ve uçuruma fırlatan bir el gibi ağacı köklerinden söktü, tacirle birlikte uçuruma fırlattı.

Bu sırada şehirde kaybolup kalmış olan Badem Usta, sokaklarda avare dolaşıp duruyordu. Meczup dervişler gibi, çocukları korkutarak, süprüntüleri karıştırarak, eşeklerle, öküzlerle ve sahipsiz köpeklerle kendisi için insanlarla birlikte aynı mahzun hayvanlar galerisini teşkil eden yaratıklarla konuşarak sokaklarda dolaşıp duruyordu.

"Kim bilir ne kadar ay, bu yolların geçip geçip gittiğini gördü acaba?" diye kapı kapı dolaşıp soruyordu. Adamlar karşılarında bir hayalet görmüş gibi şaşırarak, yeşil harmanisiyle gül pembe sakalına bakıyor, cevap vermeden kapılarını yüzüne kapatıyorlardı.

Ve uzun bir süre sonra, böylece gezip dolaşır, sorup soruştururken, paha biçilmez mücevherler tacirinin kapısında durdu. Fırtınadan sağ çıkmış tek kişi olan cariyeye sordu:

"Kim bilir ne kadar ay, bu yolların geçip geçip gittiğini gördü acaba?"

Tam o sırada günün beyaz gömleğinden başını çıkarıp uzatan güneş, Usta'nın omuzları üzerinden göz kamaştırarak, altın ve gümüş kakmalı kapıyı, zümrüt dolu bir göl vererek satın alamadığı, bir parçacık ruhunun karşılığında alınan mücevheri, cariyenin yüzünü parlatarak aydınlattı.

"Kim bilir ne kadar ay, bu yolların geçip geçip gittiğini gördü acaba?"

Cariye dudakları arasında cevabı çiğnedi... Dişleri gibi kaskatıydı sözleri... Usta, büyülü bir taşın direnip kalışıyla sustu kaldı. Balıkçıbaykuş ayı en dolgun çağına giriyordu. Sustular, bakışları yüzlerini ıslattı. Ayrı düşmüş ve ansızın birbirini bulmuş iki sevgili gibiydiler.

Bu sahneyi şamatacı bir gürültü bozdu. Onları Tanrı ve Kral adına tutuklamak için geldiler. O bir büyücü, kız da büyülenmiş bir cadıydı. Haçlar ve kılıçlar arasında götürerek, onları zindana attılar. Gül pembe sakallı ve yeşil harmaniyeli Usta'yı ve altından yapılmış gibi görünen sımsıkı vücudu pırıl pırıl çıplak cariyeyi.

Yedi ay sonra, kasaba meydanına yığılacak odunlar üzerinde yakılmak suretiyle ölüme mahkûm edildiler. Usta, idamdan bir akşam önce cariyeye yaklaştı, koluna tırnağı ile bir küçük gemi resmi kazıdı. Ve dedi ki:

"Bu dövme sayesinde, Tatuana, bir tehlikeye düşersen, daima kaçacaksın, tıpkı bu akşam yapacağın gibi. Düşüncelerim kadar özgür olmanı istiyorum. Bu gemi resmini duvara çiz, yere, havaya, her nereye istersen çiz, gözlerini kapa, gemiye bin ve git... Uzaklara git. Zira benim düşüncelerim, Cebollin suyuyla yoğrulmuş toprak putlardan daha güçlüdür! Çünkü benim düşüncelerim Suquinay çiçeğini emen arıların balından daha tatlıdır!

Çünkü seni görünmez yapan benim düşüncelerimdir!"

Tatuana, bir saniye bile tereddüt etmeden Usta'nın dediklerini yaptı: Gemi resmini çizdi, gözlerini kapadı, o biner binmez gemi hareket etti ve Tatuana zindandan, ölümden kaçıp kurtuldu.

Ve ertesi sabah, idam günü, mahkemenin adamları zindanda bir kurumuş ağaç buldular. Dalları arasında henüz gül pembe rengini yitirmemiş, iki ya da üç badem çiçeği...

(Çeviri: Tahir Alangu)

Kocakülah Efsanesi

✡

Şeytanın külahı,
avlularda yuvarlanıyor…

Kaçık bir denizcinin bir kraliçeye bağışladığı dünyanın o ücra köşesindeki ülkede, din kudretinin kutsal eşyalar ve kurumlarla birlikte –Tanrı katında en iğrenç günah sayılan– insanlığın putperestliğinden ayrı tutulmadığı o günlerde, dev gibi gövdeleriyle rüzgârları tutan volkanların, dağların himayesinde, tapınakların en güzeli kurulmuştu.

Tanrı hizmetiyle görevlendirilen papazlar, o "arslan yürekli kuzular", beşerî zaafları yüzünden, kendilerini, yeni bir dünya karşısında bilim susuzluğuna, dünya işlerine ya da denizcilerle kilise adamlarının taşıyıp getirdikleri kutsal geleneklerin korunmasına, güzel sanatlarla uğraşmaya ve felsefeyle bilimlerin öğrenilmesine kaptırmışlardı. Görev ve ödevlerini öylesine ihmal etmeye başlamışlardı ki, ayin çanları çaldıktan sonra bile tapınağı açmayı, ayin bittikten sonra da kapamayı unutuyorlardı. Mahşer günü de öyle olacaktı ya!..

Bunların en bilginleri gece gündüz münazaralara girişiyor, kutsal kitaplarda en garip, tekrar tekrar işlenmiş bölümleri öne sürüyor, aralıksız tartışıyorlardı. Ama yine de işin içinden çıkamadıkları görülüyordu.

Keyif ve rahatlarına düşkün şairlerin, mest ve hayran müzisyenlerin, etkileri önlenemez ressamların, sanatın çeşitli yolları ve ölçüleriyle, tabiatüstü dünyaları yaratmaya yöneldikleri görülüyor, işitiliyordu.

Eski kroniklerin düzensiz bir yazıyla öbek öbek sıralayıp açtığı haşiyelerde anlatıldığına göre, hâkimler ve filozofların görüş ve görüşmelerini yansıtan yazılarından hiçbir şey kalmamış. Çünkü bunların adlarını bile bilmiyoruz. Onları şaşırtmak için yüceler yücesi, şu bilgeliği göstermiş, eserlerini yazmaları için gereken zamanı onlardan esirgemişti. Bir yüzyıl boyunca kendi aralarında konuşup tartışmakla kalmışlar, ama hiç anlaşamamışlar, ya da bir satır yazamamışlar. Söylendiğine göre, bu da pek hayırlı olmuş; yazsalardı korkunç yanlışlara gömülür kalırlardı.

Sanatçılar üzerindeki bilgilerimiz de bundan sağlam değil. Müzikçiler üzerine hiçbir şey bilinmiyor. Kiliselerde ise boz renkli arka planların önünde beliren heykellere ve tozlu birtakım tablolara rastlıyoruz. Bakışları, geniş manzaralara, sayısız volkanlara doğru özgürce yönelten pencerelerin diplerine bırakılmış tablolar... Ressamlar arasında oymacılar ve yontucular da var. Bunlar İsa'nın ve ıstırapların anasının heykelcileri. Bize bıraktıklarından, bunların da, İspanyol kanından geldikleri, üzgün oldukları sanılıyor. Hepsi de hayran olunacak adamlardı. Dil ustaları ise manzum eserler yaratmışlar; ama bunların eserlerinden bugüne ancak tek tük kelimeler kalmış.

Her neyse, biz devam edelim. Bernal Diaz del Castillo'nun *Yeni İspanya'nın Fethi* kitabında yazdığı gibi, eski hikâyeleri anlatmayı çoktandır kafama koymuştum. Tarih yazarlarının bir zamanlar yaptıklarını o da yapmış, yazdığı tarih kitabının başkalarının yazdıklarıyla taban tabana zıt olmasını istemiş.

Ama biz yine keşişlere gelelim… Hekim ve filozoflar, sanatçı ve budalalar arasında biri vardı ki ona, sofuca çabaları, Tanrı korkusu, birincilerin kavgalı konuşmalarıyla sonuncuların boşuna zaman harcamalarına katılmaktan dikkatle kaçınması, onların hepsine şeytanın kurbanları gözüyle bakması sebebiyle sadece "keşiş" demişlerdi:

Bu keşiş, dualara gömülmüş olarak sakin ve iyi günler içinde yaşayıp giderken, manastır duvarlarını çevreleyen sokaktan, günün birinde lastik topu ile oynayıp giden bir çocuk geçer.

İşte her şey o sırada olur…

"Biraz nefes almak için işte her şey o sırada olur," diye tekrarlıyorum. Bu topcağız oradan oraya sıçrayıp dururken birden fırlar ve keşişin hücresinin biricik ve küçücük penceresinden içeriye düşer.

Eski çağlardan kalma bir kitapta Meryem'in getirdiği büyük müjdeyi okuyan keşiş, bu acayip küçük cismin içeriye düştüğünü şaşkınlıkla görür. Top, döşemeden duvara çarpar, duvardan yere düşer, hızını yitirir, bir kuş gibi keşişin ayakları dibine yuvarlanır, kalır. Olur şey değil yahu! Keşişin sırtından soğuk bir ürperti geçer. Azrail'in karşısında soyunmuş genç kadın gibi kalbi gümbürdemeye başlar. Bu hâli şüphesiz uzun sürmez. Kendini toplar, dişlerinin arasından bu küçük topa gülümser. Kitabı kapatmadan, ya da yerinden kalkmadan, topu yerden almak ve geldiği yere fırlatmak için eğilir. Sonra topu dışarıya atmak için yürürken içinde anlatılmaz bir neşe, onda bir duygu değişmesi yaratır: O şeye dokunmasıyla içinde kutsalımsı, sanatımsı, çocuksu bir haz doğmuştur…

Şaşırır; sıcak ve masum fil gözcüklerini ancak biraz açarak onu elleriyle sıkar; şefkatini gösteren bir insan gibi... Bir ateş parçasını koyuverircesine birdenbire elinden bırakır. Ama bu küçük top, şımarık ve cilveli bir hareketle, yere değip sıçrayarak öylesine hızla, öylesine beceriklice ellerine döner ki, havada yakalamaya ancak vakit bulur; onunla birlikte hücresinin en karanlık yerine, bir suç işlemiş gibi, saklanmak için koşar.

Bu din adamını yavaş yavaş budalaca bir arzu sarar; tıpkı bu küçük top gibi zıp zıp sıçramak arzusu... Önce bu topu geldiği yere, geriye atmayı düşünürse de, sonra aynı şeyi düşünmez olur, memnun parmaklarıyla onun meyvemsi yuvarlaklığını yoklamaktan zevk duyar, Hermelin postuna benzeyen beyazlığı ile içi canlanır. Onu dudaklarına götürmek ve tütün lekeleri ile beneklenmiş dişleri arasında sıkmak hevesine kapılır. Damağında binlerce yıldızın ışıldadığını hisseder...

"Yaradanın ellerindeki dünya olmalı bu!" diye düşünür. Bir şey söylemez, zira o sırada top, acele geldiği yere dönmek istiyormuş gibi ellerinden kayar. Vakit geçirmeden, bir sıçrayışta, aklına geleni yapmak istiyormuşçasına telaşlı ve tedirgin geriye dönmek için...

Şımarıklık mı, yoksa şeytanlık mıydı bu?

Keşiş, kaşlarını çattı. Kaşları, hayalini diş temizleme sularıyla ıslatan fırçalara benziyordu. Birkaç gereksiz düşünceden sonra küçük topla yeniden barıştı. Kendisine ve her insaflı ruha yakışırdı bunu düşünmek; bu topun gökyüzüne ulaşıp ulaşamayacağını düşünmek.

Ve böylece sürüp gitti. O manastırda birkaç keşiş güzel sanatlarla ve diğerleri bilim ve felsefeyle uğraşırken, bizimki de koridorlarda küçük topla oynamaya daldı.

Bulutlar, gökyüzü, demirhindi ağaçları... Yolların pinekleyen boşluğunda tek canlı bile yok. Şurada burada vakit vakit, pazar günlerinin suskunluğunu bozan papağanların aceleci katarları. Öküzlerin burunlarından yükselen, ak, sıcak, güzel kokulu bir gün. Keşiş, ayin çanını çaldıktan sonra, tapınağın kapısında müminlerin gelmelerini beklerken, hücresinde unuttuğu küçük topla oynuyordu.

"Öylesine uysal, öylesine çevik, öylesine ak pak!" diye için-den tekrarlıyordu. Sonra yüksek sesle söyledi, hemen ardından yankısı, bir düşünce gibi geriye sıçrayarak cevap verdi:

"Öylesine uysal, öylesine çevik, öylesine ak pak!.."

Bu top kaybolursa ne kötü olur. Bu düşünce onu kaygılara salıyordu. Ama kaybetmem, bana vefasızlık etmez o, gerekirse onunla birlikte gömülürüm, diye cesaretlendirdi kendisini... "Öylesine uysal, öylesine çevik, öylesine ak pak"tı!..

Ama eğer şeytansa?

Bir gülümseme korkularını dağıttı. Sanat, bilim ve felsefeden çok daha az şeytan vardı bu topta. Korkunun kötü fısıltılarından kurtulmak için topukları üstünde döndü. Birdenbire kendini kaptırmıştı; gitmek, almak ve sektire sektire oynamak, eğlenmek istiyordu onunla... "Öylesine uysal, öylesine çevik, öylesine ak pak!.."

Yollardan -kasabada, kral tarafından tayin edilen "cellat başı"nın yaptırdığı o caddeler henüz yoktu- muhteşem elbiselere bürünmüş kadınlar ve erkekler, kiliseye akın akın geliyorlardı. Keşiş, onların farkında bile değildi, düşüncelerine öylesine dalıp gitmişti. Kilise, iri, dört köşe kesilmiş taş bloklarından yapılmıştı. Ama kuleleri ve kubbeleri gökyüzüne doğru yükseldikçe, ağırlıklarını kaybediyor, hafif, sikletsiz, zarif bir hâle geliyordu. Ön cephesinde üç büyük kapısı, gruplar hâlinde kıvrımlı sütunları, altınla kaplanmış mihrabı, kubbeleri ve tatlı mavi renge boyanmış parkeleri vardı. Ermişler, tapınağın suya benzeyen parıltıları içinde hareketsiz balıklar gibi duruyorlardı.

Bu asude hava içinde güvercinlerin tek tük dem çekişleri, sığırların böğürüşleri, yük hayvanlarının tepinmeleri, katır sürücülerinin bağırışları dalgalanıyordu. Bağırışlar sonsuz halkalar yapan, her şeyi saran lassolar gibi sarılıp kıvranıyordu: Kanatlar, öpüşler, türküler... Tepelere tırmanan sürüler, sonunda eriyip kaybolan beyaz yollar gibiydi. Ak yollar, hareketli yollar, mavi sabahta bir keşişle küçük topun oyunu için, sisleri eriyip dağılan küçük yollar...

"Günaydın rahip Efendi, merhaba!" diyen bir kadının sesi, keşişi düşüncelerinden ayırdı. Kadın kederli bir çocuğun elinden tutuyordu.

"Rahip Efendi, Allah ömürler versin, oğlumu kutsayasınız diye getirdim. Günlerden beri ağlayıp duruyor, iki gözü iki çeşme, burada manastır duvarı yanında topunu kaybetmiş. İnayetli Efendimiz, sizin de malumunuz olduğu gibi, komşulara göre şeytanın işiymiş bu..."

(Öylesine uysal, öylesine çevik, öylesine ak pak!..)

Keşiş, korkudan yere düşmemek için kapının kenarına sımsıkı tutundu, anayla oğluna sırtını dönerek, tek kelime bile söylemeden, yaşlara bulanmış gözler ve havaya kaldırılmış kollarla hücresine koştu.

Hücresine girmesiyle topu dışarıya fırlatması bir oldu.

"Uzaklaş benden, şeytan: Bırak beni, şeytan!"

Top dışarıya, manastırın önüne, başıboş bırakılmış bir kuzucuğun neşeli sıçrayışı ile düştü. Ve birdenbire görülmedik bir atlayışla, sanki bir büyüyle, kara bir külah kılığına girdi, ona doğru koşan çocuğun başına yerleşti. Şeytanın külahıydı bu.

Böylece geldi dünyaya Kocakülah.

(Çeviri: Tahir Alangu)

Bereketli Topraklardaki Hazinenin Efsanesi

Dumansız volkan
savaş demekti!

Gün, kasabanın ıslak taşları arasında daha yeni sönmüştü; kül içindeki kıvılcım gibi eriyip tükenerek… Portakal kabuğu gibi bir gökyüzü. Pitahayaların, meyvesi bol ve dimdik yükselen kaktüslerin kanı bulutlardan damlıyordu; bazen kızıla, bazen mısır koçanlarının püskülleri ya da pumaların postekileri gibi sarıya boyalı bulutlardan...

Yukarıda, tapınakta bir nöbetçi, volkanı gözlüyordu. Bir bulut, âdeta suları öpecek bir bulutmuş gibi gölün üstüne, volkanın ayaklarına çökmüştü. Bulut duraladı. Rahip, bulutun gözlerini kapadığını gördü. Koştu, örtüsünü toparlamadan, merdivenler boyunca peşinden sürükleyerek tapınaktan aşağıya koştu. Bağırarak savaşın bittiğini haber veriyordu. Kanatlarını indiren bir kuş gibi kollarını aşağıya bıraktı. Her bağırışta kollarını yukarıya kaldırıyor, dudaklarından haykırışlar fırladıkça aşağıya salıveriyordu. Batıya bakan ön avluda, güneş, rahibin sakalına, şehrin taşlarına atar gibi, ölmek üzere olan bir şeyin parıltısını fırlattı.

Tellallar, sıra ile dört rüzgâr yönüne doğru, Atitlan beylerinin ülkesinde savaşın bittiğini duyurdular.

Gece pazarı kurulmuştu bile. Göl şıkır şıkır ışıklarla örtülmüştü. Tüccarların kayıkları yıldızlar çakarmış gibi gidip geliyordu. Meyvelerle dolu kayıklar. Giysiler ve pantolonlarla dolu kayıklar. Yeşimtaşları, zümrütler, inciler, altın tozu, güzel kokulu sularla hazırlanmış kuş tüyleri, bambu kamışından bileziklerle yüklü kayıklar. Balla, dövülmüş ve çekirdek halinde karabiberle, tuzla, değerli pelesenklerle dolu kayıklar. Renkli mürekkep ve tüy kalem demetleriyle dolu kayıklar. Kokulu terebentin yağı, şifalı otlar ve köklerle dolu kayıklar. Tavuklar ve kümes hayvanlarıyla dolup taşan kayıklar. Agava, Sassaras bitkisi lifleri, hasır örgüleri, sapanlar için pitahaf sapları, Ocote ağacından çıra kütükleri, irili ufaklı çanak çömlekler, tabaklanmış ve ham hayvan derileri, çikolata çanakları, burun maskeleriyle dolu kayıklar. Guacamayo kuşları, kırmızı papağanlar, Hindistan cevizleri, taze reçine ve "fevkalade zarif tanelerle dolu kabaklar" yüklü tüccar kayıkları.

Beylerin kızları, papazların gözcülüğü altında piroğlar içinde gezintiye çıkmışlar, ak mısır koçanları gibi parıldıyorlar. İleri gelen aileler, çalgıcılar ve şarkıcılar kalabalığını peşlerinden sürükleyerek, kurnaz ve açıkgöz pazarlıklara dalmış tüccarlarla çene yarıştırıyorlardı. Ama bütün bu kargaşalık geceyi rahatsız etmiyordu. Sanki uyuyan insanların düşlerinde alışveriş eder göründükleri yüzen bir pazardı. Kakao çekirdekleriyle bitkiden paralar, birbirlerine sıkı sıkıya girmiş kayıklar, insanlar arasında elden ele sessizce kayıyordu.

O Cenzontle türküleri, o Chorchaların ciyaklamaları, o küçük Perico papağanlarının gevezelikleri kuş avcılarının kayıklarıyla gelmişti... Kuşlar, alıcıların verdikleri fiyata değiyordu doğrusu. Hiçbirinin fiyatı yirmi bakladan az değildi, zira aşk hediyesi olarak satın alınıyorlardı.

Âşıkların ve kuş satıcılarının konuşmaları ve ışıkları, dallar arasında titreyerek kıyılarda kayboldu.

Sabahın alacakaranlığında rahipler, büyük çamlara tırmanmış, volkanı gözlüyorlardı: Savaş ve barışın işareti volkanı... Bulutlarla örtülü olursa barışın ve mahsul güvenliğinin müjdecisiydi. Bulutsuz olarak görülünce savaşı ve düşmanın saldırısını haber verirdi. Kolibrilerin ve gün çiçeklerinin haberleri olmadan, topak topak kıvırcık yünlü pöstekiye benzer bulutlarla örtülmüştü.

Barış gelmişti. Şenlikler yapılacaktı. Rahipler tapınakta oradan oraya gidip geliyorlar, örtüleri, kurban taşlarını ve kara kehribardan kurban bıçaklarını düzene koyuyorlardı. Dümbelekler, flütler, deniz kabuğundan borular, sazlar, üzerlerine tokmaklarla vurulan ağaç kütükleri gümleyip çınlamaya başlamıştı. Şeref yerleri koltuklarla süslenmişti. Çiçekler, meyveler, kuşlar, arı sepetleri, tüyler, altınlar, değerli taşlar savaşçıları karşılamak için hazırlanmıştı. Göl kıyılarından kayıklar hızlı hızlı geliyor, renk renk giyinmiş bir yığın insanı alıp karşı tarafa geçiriyordu.

Bu insanların hâllerinde tarifsiz bir bitkisellik vardı. Başlarına sarı tören külahları giymiş rahiplerin sesleri aralıklarla yükseliyor, Atit tapınağının altın girlandları gibi, bir uçtan bir uca basamaklarda zincirler teşkil ediyordu.

"Gönüllerimiz mızraklarımızın gölgesinde dinleniyor!" diye bağırıyordu rahipler.

"Ağaçların ve evlerimizin oyukları, hayvanların, kartal ve jagarların kalıntılarıyla ak pak olacak!.."

"İşte kabile reisi orada yürüyor! Odur bu! Burada yürüyen odur!" Eski Tanrılar gibi sakallı olan reisler böyle sesleniyorlardı. Ve bu sakallı reislerin göl ve dokuma tezgâhı kokan kabileleri, onların yaptıklarını aynen yapar görünüyorlardı.

"Orada, oğlumu görüyorum, orada, orada o sıranın içinde!" diye bağırıyordu analar. Gözleri çok ağlamaktan neredeyse sular gibi yumuşamıştı. "Orada," diye söze karışıyordu genç kadınlar "gözümüzün bebeği Efendimiz! Puma derisinden maskesi ve kalbinin tüyleriyle!"

Hemen sonra bir başka gruptan sesler geliyordu:

"Şuradaki, günümüzün efendisidir! Maskesi altından, tüyleri de güneşten!.."

Analar, oğullarını savaşçılar arasından seçip tanıyorlardı, çünkü maskelerini biliyorlardı. Genç kadınlar da, koruyucularını, gösterişli hallerinden tanıyor, elbiselerini işaret ediyorlardı.

Sonra kabile reislerini gösteriyorlardı:

"Odur işte, göğsünü görmüyor musunuz, kan gibi kızıl ve kolları bitkilerin kanı gibi yeşil? Ağaç kanı ve hayvan kanıdır o! O, kuş ve ağaçtır! Güvercin gövdesinin üstünde bütün renkleriyle ışıkların parladığını görmüyor musunuz? Tolgasındaki uzun tüyleri görmüyor musunuz? Yeşil kanlı bir kuş! Kızıl kanlı bir ağaç! Kukul! Odur o! Odur."

Savaşçılar, tüylerinin renklerine göre sıralanmış, bölük bölük yirmilik, ellilik ve yüzer kişilik diziler hâlinde geçiyorlardı. En başta kızıl elbiseli ve kızıl tüylü yirmi savaşçıyla bir dizi, onun peşinden yeşil tüylü ve elbiseli elli savaşçının dizisi ile sarı tüylü ve elbiseli yüz savaşçının dizileri gidiyordu. Sonra da değişik renkli tüyleriyle Guacamayo kuşunu, o büyücüyü hatırlatanlar geliyorlardı. Yüz ayaklı, ışıl ışıl parlak hareler içinde yansıyan bir ebemkuşağı...

"Dört kadın ağaçların yününden gömlekler giyindiler ve oklarla silahlandılar! Savaşta dört delikanlıymış gibi dövüştüler," diyen rahiplerin sesleri duyuldu. Çiçekler ve meyve askılarıyla dolup taşan, memelerine mızrakların rengini ve sivriliğini vermiş kadınlarla kaynaşan Atit tapınağının önünde, kendinden geçmiş kalabalığın delice bağırışları... Büyük Kazik, banyosunun boyalı küveti içinde Pedro Alvarado'nun gönderdiği "Castilan"lı adamların elçisini çok güzel sözlerle kabul etti ve hemen astırdı. Bundan sonra göğsü kızıl ve kolları yeşil tüylerle süslendi, parlak tüylü kanat parçalarıyla işlemeli bir pelerine büründü, başı açık, çıplak ayakları altın sandallar içinde, kabile başkanları, danışmanlar ve rahiplerin arasında şenlik yerine yöneldi. Omuzunda kırmızı toprak sıvanarak örtülmek istenmiş bir yara görünüyordu. Parmaklarında o kadar çok yüzük vardı ki, elleri gün çiçeklerine benziyordu.

Savaşçılar meydanda dans ediyorlar, süslenerek ağaçlara bağlanmış savaş tutsaklarına oklarıyla nişan alıyorlardı.

Büyük Kazik meydana girince, kara elbiseli bir kurban uşağı, mavi bir oku ellerine bıraktı.

Güneş, oklarını gölün yayı ile çekip boşaltarak şehre nişan aldı...

Kuşlar, oklarını ormanın yayı ile çekip boşaltarak göle nişan aldı...

Savaşçılar, öldürülecek şekilde olmamasına dikkat ederek, kurbanlarına nişan aldılar. Böylece şenliği ve kurban işkencesini uzatmış oluyorlardı.

Büyük Kazik, yayını gerdi ve mavi oku, tutsakların en gencine çevirdi; hem alay etmek, hem de ona paye vermek için... Savaşçılar çalparaların temposu ile dans ederlerken, uzaktan, yakından, oklarıyla bir anda yaralıyı delik deşik ettiler.

Bir bekçi ansızın töreni kesti. Alarm çaldı. Volkan ansızın ve hiddetle bulutlarını sıyırmış, kudretli bir ordunun şehre doğru yürüdüğünü haber vermişti. Yanardağın krateri gittikçe daha açık ve berrak olarak ortaya çıkıyordu. Akşamın alacalığı, uzak kıyılardaki kayalar üzerinde bir parıltı bırakıyordu. Gürültüsüzce ayrılan, daha bir dakika önce hareketsiz duran ve şimdi de heyecana kapılan beyaz bir kitleyi, sanki sessizce uçuruma kovalıyor gibiydi. Sokaklarda sönmüş ışıklar... İri fıstık çamlarının altında güvercinlerin dem çekişleri... Dumansız volkan, savaş demekti!..

"Bütün malım mülkümle, malım olan balımla, seni az çok besledim. Bizi zengin etmiş olan şehri memnunlukla fethetmek isterdim!" Şenlikteki nöbetçi rahipler kendilerini gölün büyülü karanlığından kurtararak, ellerini volkana doğru uzatıp bağırdılar. Bu sırada savaşçılar süsleniyor, şöyle diyorlardı:

"Silahlarımızın karşısında beyaz adamlar afallasınlar! Renkli tüyler, oklar, çiçekler ve ilkbahar fırtınaları ellerimizden eksik olmasın! Bizim mızraklarımızın uçlarında yaralansınlar, biz yaralanmadan!"

Beyaz adamlar ilerliyorlardı. Ama kalın sisin içinde pek az seçiliyorlardı. Hayalet miydi bunlar, ya da yaşayan varlıklar mıydı?

Ne trampetler duyuluyordu, ne de boru sesleri; ayak sesleri bile toprağın sessizliği tarafından yutuluyordu. Borazansız, trampetsiz, ayak sesleri olmadan yaklaşıyorlardı.

Savaş mısır tarlalarında kurulmuştu. O bereketli toprakların halkı bir süre savaştı, vurulup ezilince de, Zuhal yıldızının halkası gibi bir bulut duvarıyla çevrili ve korunmalı kasabaya doğru çekildi.

Beyaz adamlar ilerlediler. Boru çalmadan, ayak sesleri duyulmadan, trampet vurmadan. Yoğun sisin içinde kılıçları, mızrakları, zırhları, atları belli belirsiz seçiliyordu. Bir fırtına gibi, kasırga bulutlarını birbirine katarak tehlikeye falan bakmadan, her şeyi kırıp geçirerek, demir gibi durdurulamaz şimşekler arasında, ellerinden kayıp giden ateş böcekleri gibi belli belirsiz kıvılcımlar saçarak şehre saldırdılar. Bu sırada kabilelerin bir bölümü savunma düzeni almıştı, bir başka bölümü ise hazinelerle savaş yerinden kaçmış ve gölü geçerek, bulutsuz başıyla karşı kıyılara doğru dimdik yükselen volkanın dibine varmıştı. Elmastan bir sis denizi içinde kımıldayan fatihlere, uzaktan değerli taşların patlamaları gibi görünen kayıklarla her şeyi kaçırarak öte yana geçmişlerdi.

Yolları yakmak için artık zaman kalmamıştı. Borazanlar çalıyor, trampetler vuruyordu! Sisten yapılma, kat kat halkalar gibi şehrin duvarları, beyaz adamların zırhları önünde un ufak oldu. Ağaç kütüklerinden, çarçabuk derme çatma gemiler yapmışlardı. Terk edilmiş yerlerden, kabilelerin hazinelerini gömdükleri yerlere geçtiler. Borazanlar çalıyor, trampetler vuruyordu! Güneş yer fıstığı tarlalarında ateş kesilmişti. Adalar, büyücülerin volkana doğru uzanan elleri gibi, kaynaşan suların içinde titreşti.

Borazanlar çınladı! Trampetler vurdu!

Gemilerden ateşlenen ilk misketlerle, kabileler darmadağın oldu. Dere yataklarına girip gizlice kaçarak savuştular. Elmasları, zümrütleri, opalleri, yakutları, külçe külçe altınları, altın tozlarını, altından işlenmiş sanat eserlerini, tanrı heykellerini, mücevherleri, askıları gümüşten teskereleri ve taht örtülerini, altından sürahi ve yemek takımlarını, inciler ve değerli taşlarla süslü boruları, dağ kristalinden yapılma banyo leğenlerini, örtüleri, musiki aletlerini, yüz balya ve de bin balya dokumayı, muhteşem tüylü süsleri, sırmalı işlemeleri, yüzüstü bıraktılar. Sallardan ve kayıklardan, fatihlerin, gözlerini fal taşı gibi açarak baktıkları, ganimetin en iyi parçaları için kendi aralarında kavgaya tutuştukları, hazinelerden bir dağdı bu. Ve şimdi hemen sıçrayıp karaya çıkmak istiyorlardı. Borazanlar çalıyor, trampetler vuruyordu.

O sırada ansızın volkanın hızla nefes aldığını duydular. Suların ağababasının ağır soluğu kesildi. Fatihler sonunda karar verdiler. Uygun bir rüzgârın yardımıyla karaya ulaşmayı, hazineyi ele geçirmeyi ikinci defa akıllarına koydular. Çatırdayarak inen bir ateş yağmuru onları yollarından kopardı: Devasa bir kurbağanın tükürüğü. Borazanlar sustu! Trampetler sustu! Suların yüzünde yakutlar gibi parça parça ateşler, elmaslar gibi güneş ışınları sürükleniyordu. Zırhlarının içinde yanıp kavrulan Pedro Alvarado'nun adamları, dümensiz gemilerin üzerinde akıntıya kapılmış sürükleniyorlardı. Korkudan taş kesilmiş, yanardağın boşalması karşısında benizleri ölü benzi gibi, dağların çarpışıp yıkıldığını, ormanların ormanlara, nehirlerin nehirlere karışarak kaskatlar hâlinde gümbürdediğini, kayaların havalarda takla attığını, kül sellerinin aşağılara boşandığını, lavların, kumların seller gibi aktığını, volkanın kustuğu lavlar ve kumlarla bereketli topraklarda kabilelerin bıraktığı hazinelerin üstünde yeni bir volkan teşkil etmek için durmadan ateş yığdığını seyrettiler. Volkanın ayakları dibindeki bu yeni dağ, bir gün doğumu gibi yayılıp genişliyordu.

(Çeviri: Tahir Alangu)

Bahar Fırtınası Büyücüleri

✵

Balıkların ötesinde yapayalnızdı deniz. Bitkilerin kökleri yardımcı olmuşlardı göktaşlarının kanı çekilmiş sonsuz düzlüğe gömülmesine. Yorgun ve uykusuzdular. Olanaksızdı önceden bilmek saldırıyı. Olanaksızdı önlemek. Yapraklar dökülmede, balıklar zıplayıp hoplamadaydı. Bitkisel solunumun ritmi hızlandı, elastik saldırganların donmuş kanına değdiğinde buz kesildi özsuyu.

Her bir yemişe bir kuşlar ırmağı akıyordu. Balıklar ışıklı dalların bakışıyla sabahı ettiler. Kökler toprağın altında uyanıklıklarını sürdürüyorlardı. Kökler... En yaşlıları... En küçükleri... Kimileyin bir yıldız kırıntısına ya da bir karafatmalar kentine çatıyorlardı bu humus denizinin içinde. Yaşlı olanlar şöyle açıklamalarda bulunuyorlardı: Bu küçük meteorcuğun içine karıncalar gökten geldiler. Solucanlarsa söyleyebilirlerdi karanlığın hesabını şaşırmadıklarını.

Huan* Poyé yaprakların altında yitik kolunu aradı. Daha yeni koparmışlardı onu bedeninden. Gıdıklanıyordu boru gibi uzun kristal kolundan kımıltılar geçedururken. Gecenin kokusu rahatsız edince yarı toprağa gömülü durumda

---

* *Juan*: "Huan" okunur. Burada bereket ve yaşamı simgeleyen bir "erkek-nehir" anlamında kullanılmıştır. Söz konusu edilen kollar, nehrin kollarıdır. –*çev.*

açtı gözlerini titreyerek. Olmayan koluyla burnunu ovalamayı düşünden geçirdi. "Hımm!" deyip öbür kolunu kullandı. Boru gibi uzun kristal kolunu. Kaynamış suyun, yanmış boynuzun, yanmış saçın, yanmış etin, yanmış ağacın pis kokusu duyuluyordu. Çakalların sesi işitilince, olmayan koluyla çekmeye davrandı bacağını. "Hımm!" deyip öbür kolunu kullandı. Çakalların ardından toprağın nezlesi akıyordu, sıcak irinli çamur, öyle kolay kolay görülemeyen bir şey. Karısı uykudaydı. Memeleri sazdan yapılma örtünün üstüne yayılmış, toprak çaydanlıklar gibi, yüzü yastık işlevini gören samana basılmış yamyassı. Bayan Poyé kocasının dürtmesiyle uyandı. Bir çalılığın dibinden doğan sudan yapılma gözlerini açıp kendini topladıktan sonra konuştu: Reçineyi çiğne ağzında, titre reçineyle! Refleksleri keskinleşmekteydi tıpkı göktaşları gibi. Büzülüverdi Poyé ışığın karşısında, karısı da onu izledi, tıpkı göktaşları gibi. Ağaçlar da yanmaktaydı için için göktaşları gibi.

Bir şey geçiverdi. Bir an içinde döküldü ağaçlar ellerinden. Kökler bilmediler neydi ellerinden geçip giden. Belki de parçasıydı düşlerinin. Bir sarsıntı oldu seslerle birlikte yeraltından gelen. Her şey oyuk çevresinde denizin. Belki de rüyalarının bir parçasıydı bu. Her şey depderin çevresinde denizin.

"Hımm!" dedi Huan Poyé. Olmayan kolunu oynatamadığı için öbür boru gibi kristal kolunu kullandı. Yangın en uzak dağları bile kaplamıştı. Vücut sıvısının tümüyle akıştığı yandaki boru gibi kristal koluna aktardı devinimini. Dişlerinin tıkırtısı işitiliyordu, nehrin çakılları, korkudan takırdayan, kumlar sürüklenerek uzaklaşıyordu ayaklarından, refleksleri parçalar koparıyordu dağdan. Onunla birlikte karısı Huana Poyé geliyordu. Karısı da tıpkı kendi gibiydi; o da arınmış kaynak suyundandı.

Bir şey geçti gene. Bir an için dallar döküldü ağaçlardan. Kökler bilemedi ne geçtiğini ellerinden. Titreşen düşlerinden bir parça mıydı bu? Yangın pamukların köklerine ulaşmıyordu. Hamakta sallanan toprakların taze siyahlığıyla şişmiş pamuklar. İşte böyle doğdu dokumalar. Balıksız olmanın sevinciyle yalanıp duruyordu deniz. Yoksa bu düşlerinden bir parça mıydı? Ağaçlar dumana dönüştüler. Yoksa bu da bir parça mıydı düşlerinden? Baharın titreyişleri öğretiyordu köklere dokumayı, idare etmeyi mekiğin parıltısını, dokuma tezgâhından geçi geçiveren, değerli kopallerin, platinlerin, altınların, gümüşlerin nasıl özgürce gidip geldiğini, toprağın karanlık mintanlarını işlemek için dantel gibi meteor salyasıyla.

Huan Poyé çekti çıkardı dallarını tüm nehirlerin yapraklarından. Denizdir tüm nehirlerin yaprakları. "Hım!" dedi karısı, "dönelim geri! Huan Poyé de isterdi geri dönmeyi. Hadi dönüşe koyulalım!" diye seslendi karısı. Huan Poyé de isterdi dönüşe koyulmayı. Öyle yorulmuştu ki dur durak bilmemekten! Ne de güzel tadı vardı sularının, dağ kokulu! Ne güzel rengi vardı sularının, şeker mavisi!

Koca bir yeşil leke başlamıştı kuşatmaya onu. Uzak ve eski uygarlıkların taşkın yayılması. Dünyada görülmemiş genişliği olan yaylaların otunun salgısı bu. Derken, belli belirsiz bir uzaklıkta başka bir leke daha oluşmaya başladı. Denizin her biçime giren yeşimtaşlarının dinginlik bilmeyen ufuk çizgisi. Artık daha bekleyemedi Poyé: Daha uzakta üçüncü bir yeşim rengi leke oluştuğunu görüverince, sedef patlamalarının karanlığındaki yıldızların ışık uzantıları gibi geri çekildi, yeniden atılmaya doğruldu ileriye ama, boğuldu başaramayıp aşmayı kendi sularını, iguana köpüklerini, uzun süre su yüzünde dura dura katılaşan.

Ne damat Huan Poyé, ne de gelin Huana Poyé*! Ama yok eğer yağarsa yarın dağlarda yağmur, sönerse yangın, durursa dumanlar; taşların derinliğindeki onurlu sevgi damlacıklarının tatlı saldırganlarını katıp birbirine, yeniden görünecektir borulu kolu. Yalnızca kökler. Derin kökler. Arınmış gölgenin eşitliğinde hava yakıp kavuruyordu her şeyi. Güneyin göksel ateşi. Bir tek yeşil sinek bile yok. Bir tek timsah yok, dağarcığında kuş kakası. Bir yankı bile yok. Bir çıtırtı bile yok. İçinde düş bulunmayan camsı bir düş, kuvarstan yapılmış, sudan daha yeğin olan süngertaşından, toprağın yorganının altında uyumadan yatak akmermerden. Yalnızca derin kökler sürdürüyordu dokumalarına yapışkanlığı. Düşmüş olan kuş *mangrov*** kökleriyle dörde bölünmüş, bataklığın amansız avcısının yalazlı gözleri onu yiyip bitirmeden önce. Bataklıktaki avcıyla çikolata kokan fıstık ağacı kökleri çeker kendine sıcaktan şişmiş sürüngenleri. Bitkilerin bulunduğu boru biçimi kristal kolun sularıyla sulanan bölgede örgü örücü köklerin çabasıyla korunurdu yaşam. Şimdi ise, kışın bile gelmez olmuştu Huan Poyé ile Huana Poyé. Yıllardır. Yüzyıllardır...

Denizin üstünde on dokuz fersah hava. Deniz kabuklarından oluşan kara mermerlerin, göz kırpıştıran yıldızların eğik düzlemi altında kalan yeşil somaki taşlarının, süt kaynağından süzülmüş granit taşlardan oluşan porselenlerin, kaygan kumların üstündeki kabuklu ve civa aynalarının, portakal ve aşıboyası kızıl renklerin karıştığı arazilere kazınmış gölgelerin tüm bu kusursuz geometrisi. Bir nebülözden geri kalan umutsuzluk verici sessizliğin önlenemeyen büyüyüşü. Atmosferin kuruluşu ve yangının yalayışının susuzluğu ile kartonlaşmış bitki kaplı alanlarda sona eren iki krallığın yaşam öyküsü.

---

* Huana Poyé (Juana Poyé): Huan Poyé adlı nehrin temsili karısı. Yazar doğayı kişileştirme sanatı uygulamaktadır. –*çev.*

** *mangrov*: Tropikal bölgelerde, acı suların kıyılarında yetişen ağaçların ortak adı. –*çev.*

Uzayın bomboş sessizliğinde yıldızların giysilerinin tınlaması. Kımıldamayan tuz sürülerinin üzerinde ay ışığının felaketi. Donuk, sivri, keskin dalgaların dişleri arasında yaşamını yitirmiş sınır taşlarının ağzındaki gem. Dışarıda. İçeride...

Taaa minerallerin narin karanlığının titreştiği yere dek ulaşan varlığı, rahatsız etti toprağın rüyasını. Karanlık duruşlu bir nemlilik egemendi ortalığa; ışıl ışıl parlıyordu her şey. Erkek, balıkların barsaklarına bitişmiş "gül-elma"* duvarları arasındaki düşsellik. Kadın, havadaki kirliliğin gerekliliği; temiz havada, küf kokusundan ırak, gece yaklaştığında alınan haşhaş kabuğunun soğuğu; minerallerin her şeyin ateşte yanıp yok olacağını sezişi; köklerse yaşam çabasını sürdürüyordu kendi dokumaları içinde, tek kollu bir ırmak sulayadururken gizlice. Biri bay, biri bayan.

"Hım!" dedi Huan Poyé. Sonra koca bir dağ yıkılıverdi üstüne. Olmayan koluyla savunmaya uğraşırken kendini, zaman yitirerek oynattı öbür kolunu yokuştan aşağı, önlemek için karşılaşacağı darbeyi. Bıçakla kesilmiş yılan parçaları. Ayna kırıntıları. Denizde yağmur kokusu. İçgüdüsü olmayarak kalıveriyor öyle orada, konuşan taşlarla kaplı sırtlarıyla saldıran tepeler arasında. Başı, yalnızca başı, dolanıp duruyordu o uzun saçlı akıntı köpükleri arasında. Yalnızca başı... Dolduraduruyordu kökler ağaç gövdelerini, yaprakları, çiçekleri, yemişleri özle... Her yanda canlı, kolay, bitkisel ve hava solunmaktaydı. Küçük küçük salya akıntıları giriyor çıkıyordu gizli deliklerden, ince yosundan kaslarıyla, susuzluğun yakıcı çakılları içerisinde saklanmış.

---

* "gül-elma", mersingillerden bir bitkidir, Latince adı: *Syzygium malaccense*. Kökeni Malaysia, Indonezya olan bu bitkinin pembe renkli meyvesi ilaç olarak kullanılır. Gül kokuludur. Latin Amerika'ya sonradan getirilmiştir. İspanyolcada *pomarrosa, pomagá* gibi birçok adı vardır. Türkçeye "gül-elma" diye çevrilebilir. –*çev.*

Huan Poyé bir kez daha gözüktü torunlarında. Koca su akıntılarının bir tek damlası Huana Poyé'nin karnına girip yağmurları dünyaya getirdi; onlardan da nehircikler doğdu, gemiciliğe elverişli. Torunlarıydı bunlar.

İşte burada böyle sona erer, Huan Poyé-Huana Poyé anlatısı.

2

Gemiciliğe elverişli nehirler, yağmurların oğulları, denizle olan etsel alışveriş, dolaşıp dururlardı yer üstünde ve yeraltında, savaşıp giderek dağlara karşı, yanardağlarla oynak havuzlar gibi gezinirken yeryüzünde, yer yer uçurumların yuttuğu doğurgan yaylalar. Çamurun değdiği yerde buluşan yıldızlar, göğün dibi, altın yaldızların göz kamaştırıcı bakışları, süngersi bölgelerin göze görülmeyen yataklarında akan suların sessiz karmaşası, ışınlardan öfkelenen çakmak taşlarının bitmez kavgası.

Yine bir başka yer sarsıntısı ile yatağından fırlayan sıvının ivecenliği. Sımsıkı gürültülü yeraltı bulutları. Yumuşak doruklardaki toz. Yine başka sarsıntılar. Tutkal gibi yapıştırıcı bitkisel yaşam. Yağmurların gemiciliğe elverişli oğulları iniyor gökten yere. Tırnaklarıyla sımsıkı, depderin yapışması toprağın kapladığı kayalara, ya da yıldızlı doruklarda titreşip durması. Terli bitkisel esintiler acele ediyor, çıtkırıldım bulut kümelerinin tohumları için gerekli olan humuslu örtüyü sermekte.

Ne ki, her bir bitkinin, her bir yeşilliğin yeni yeni felaketler, ürpertiler, kil taşkınlıkları geliyor başına, tüm bu kaynaşmaların arasında. Metallerin kokuşması* soluğunu keserdi güneşin, bu zehirli kurak ortamda.

* Metallerin kokuşması: Kimyadaki periyodik tabloda metaller asilleri temsil eder. Metal olmayanlarsa bozulmuş, yolsuz kişilerdir. Güneş ışığı oksitlenmeyle metalleri bozmaktadır. –*çev.*

Yaklaşıyordu Kaktüs'ün Altın'la* savaş çağı. Bir gece saldırdı Altın, koca dikenleri olan kabuklu bitkiye. Kaktüs hemen çok başlı yılan biçiminde kıvrılıverdi, ama kaçamadı, onu ince çiseltileriyle yıkayan o kızıl saçlı yağmurdan.

Minerallerin sevinç gürültüsü, bir kayanın üstünde yeşil küle benzeyen bir anı gibi kalakalan bitkinin bastırdı iniltisini. Öteki ağaçların da aynı şey geldi başına. İnsan başını andıran hindistancevizinin ağacı yanıp ta içinden, kapkara oldu yemişleri. Kaktüs ağacı marsık gibi oldu. Irmaklar yavaş yavaş alıştılar yokluk savaşına, dört ayak üstü ölüvermeye aşınca tepeleri, kurtulmak için atlarken sivrilikleri, bu sonsuz kaçışta yeraltına, el yordamıyla yaşamanın ve örgü gibi örülen köklerin karanlık dünyasına.

Ondan sonra, azar azar, yağmurun en derin yerinde, başladı minerallerin sessizliği duyulmaya; tıpkı bugün de kendi içlerinde işitiledurduğu gibi daha, çatlaklarda her an bitkisel toprağın örtüsünü kırmaya hazır bekleyen çıplak dişleriyle, gemiler yüzen nehirlerin beslediği su bulutunun gölgesinde, boru gibi olan kristal kolun ikinci gelişini kolaylaştıran düş.

Boru gibi olan Kristal Kol. Uyurgezer sudaki kabarcıkların, köklerin uzun saçları. Gööözleriii. Toprağın ilkyaz dinginsizlikleri duruluverdi, sonra mutluluğun çırpınışına düşürmek üzere tüm varlığıyla, süt beyaz gülüşüyle; tıpkı Hint kauçuğu sopasının gövdesindeki çatlak gibi, havada dayanaksız sarkaduran eşemsel organlar gibi. Tropikal düzensizliğin balı. Ekinoks** sırtlarının ilk aşk duygusu, omurgalardaki sevinç, bir türlü doymak bilmeyen o küçük balıkçığın dikenleri.

Boru gibi olan Kristal Kol, son verdi akkor minerallerle gemiler yüzen nehirlerin savaşına; ama yeni bir savaş da başladı

---

* Altın simgesi ile güneşin yakıcı sıcaklığı anlatılıyor. *–çev.*

** *ekinoks:* gece ile gündüzün eşit olduğu zaman, gün eşitliği, eşgün. *–çev.*

onunla, yeni bir yangın, o kıskançlığı güneşin, yeşilde yanan ateşi, kızılda karada gökçede sarıda olan o sürüngen uykulu özsu, kükürtlü fışkırtılarla terementi'lerin* soğuk parıltısı arasında.

Tümüyle kör, nerdeyse taşlaşmış, nemlilikten tüylenmiş ilk canlı kim bilir hangi sıkıntıyı dokuyor dokuyor sonra söküyordu. Kilden diş etlerinin siesta** sersemliğinde kaşınıp durması. Koçanın altında ezilen tanenin mısır yapraklarında ısırıcı gıdıklanışı. İnce tırnaklı asma filizlerinin çektiği acı. Sarmaşıkların devingenliği. Etoburların bilenmiş kesin uçuşu. Boru gibi olan Kristal Kol'un içinde yanageldiği yangın gölünün dumanı olan yosunlar, doldurayazdı dedikodu ürünü birtakım erkeklerin kadınların koltukaltlarını. Fasulya tırnaklarıyla, ayın çekiminin yüreklenen kabarıp inişi okyanusun kıyılarda, ki açıp kapatır *nepentes*'leri***, imbikten geçirir örümcekleri, titretir ceylanları, ahuları, gazelleri.

3

Parlak sukabağı derisinin her bir ince gözeneğinde bir ufuk çizgisi bulunuyordu. Buna Ufukların Fışkırması deniyordu, Boru gibi olan Kristal Kol onu buralara getirdiğinden beri. Bugün artık adı böyle anılmıyor. Yosunlar belirginleştiriyor onun mısır koçanı ayaklarını, dal dal oluşumlarsa kesinleştiriyor adımlarını. Her bir ayağına, topuğuna, uzantısına beşer tomur düşerdi. Denizden yeni çıkmış gibiydi, izlerini bıraktığı yerde.

Uzun süre pek yüksekte olmadıysa da ayakta dikilekaldı Ufukların Fışkırması. Sonunda etten yana zengin iki el sarktı

* *terementi:* (terebentin): kozalaklılarla sakızağacıgiller familyasına özgü ağaçlardan sızan yağlı reçine. –*çev.*

** *siesta:* Latin Amerika ülkelerinde yaygın bir alışkanlık olan "öğle uykusu". –*çev.*

*** *nepentes:* böcekkapanlardan bir tür bitki. –*çev.*

yanlarına. Sinirleri fırlak yapraklı iki el, yapraklar mısır dolması gibi sarmalamıştı onları, bitkisel kökenlerini öne sürerek.

Ağzı aralanıverdi dokununca bir kamışa, söylemediği bir sözü söylemek için. Kısık bir çığlık. Kamış ellerinin ucundan kaçıyordu, yuvarsal yüzünde gezdiriyorken aşağı yukarı ellerini. Büyülü bir gerçek olarak kullandı kamışı, dışa vurmak için doğumsal yalnızlığını, kendini deliklerle dolu duyumsamanın acısını.

Böylece Ufukların Fışkırması ile birlikte olan "Yılan" adı verildi ilk kurulan kente, gülpembe balıkçıl kuşları ırmağının kıyısında, yeşil tepelerle kaplı bir göğün altında. İşte orda konur sevi yasaları, bugün de o yasalar geçerlidir çiçekler için gizli büyüsüyle.

Soyundu savaş giysilerinden Ufuklar Fışkırması, dokuz günlüğüne eşemselliğini giydi sırtına, irileştirmeden önce gökteki ayı, dokuz tavuğun et suyunu içerek apak et suyunu günden güne, kendini kusursuz bulana dek. Ondan sonra, ince hilal zamanı, göğsüne kadın nefesi çekerek bir gün öylece durdu tek söz etmeden, kafası yeşil yapraklarla sırtıysa gündöndü çiçekleriyle örtülü. Yalnızca yerleri görüyordu dilenci gibi, ta ki gebe bıraktığı kadın gelip de ayaklarına bir mısır çiçeği bırakana değin. Ayın küçüldüğü dönemde hiç almamıştı göğsünün altına kadın soluğu, girdap gibi kemiriyor olmadıkça onu tüm bedeni.

Bütün bunlar Ufuklar Fışkırması'yla birlikte olan Yılan Kenti'nde geçmekteydi, orda insanlar esintilerden kurtlandılar, nehirse ağırlıksız taştan tapınaklarla, ağırlıksız taştan kalelerle, ağırlıksız taştan evlerle baş başa kaldı. Ufuklar Fışkırması ile birlikte olan Yılan Kenti'ydi kent olan.

Dağlarda unutmaya başladı insanlar sevi yasalarını, büyüyen aylarda kadın soluğu almayı unuttular göğüslerine, her gün tavuk ak et suyu yemeyi dokuz gün boyunca. Öyle ki sonunda unuttular, başları yapraklarla sırtları aygün çiçekleriyle örtülü kalakalıp da suskunluk içinde yere bakmayı bile. Nasıl doğduğunu çocukların, derideki her bir gözeneğe bir oğul getirmeyen, hastalıklı, ürkmüş, giderek saç gibi örülen bacaklar.

Ayın küçülme döneminin bu adamlarının tepede kentlerini kurduğu tahtayı çürütüyordu kış. Çocuksu varlıklar, kendi kendilerini korkutmak için öğrenmişler gürültülü saç yapımlarıyla süslemeyi kafalarını, altın kamış kabuğuyla derilerini sarıya, göz kapaklarını otlarla yeşile, dudaklarını roku* ile kızıla, tırnaklarını ağaç kömürü ile karaya, dişlerini de indigo** ile maviye boyamayı. Zalim bir topluluk, çocuk gibi, diken gibi, maske gibi. Birbirine karışmayan boyaların simgelediği büyü. Kurban sırasında çokça ağlayıp inlemekten çene kemiklerini yitiren hayvanların acıları. İlk istila mevsimi yaklaşıyordu savaşçı örümceklerin, hani şu dıştan gözleri olan, iri iri kıllı patalarında da bütün gövdesinde de sürekli öfke titremeleri görülen örümcekler. Renk renk boyanmış insanlar karşılamaya çıktı onları. Ama boşunaydı maskelerindeki giysilerindeki kızıllar, sarılar, yeşiller, karalar, aklar, maviler... bu saldırısı karşısında örümcekgillerin, üşüşürcesine kaplayan dağları, kovukları, ormanları, vadileri, dereleri...

İşte orada yok oldular küçülen hilal benlerle yüzü boyanmış adamlar***, şimdi teknelerin diplerindeler, göze görünmeden, dışarda süslemekteler sukabaklarını göze görünerek. Renklerin simgelediği acımasızlıkları yüzünden entarilerini ters giyen kadınlar ya da saçkıran hastaları gibi soyları kuruyarak.

---

* *roku*: Orta Amerika'da yetişen, tohumlarından kırmızı boya elde edilen ağaççık (Bixa arellana), Hollanda peynirlerini boyamada da kullanılır. –*çev.*

** *indigo:* Bitkilerden özütlenen doğal mavi boya maddesi. –*çev.*

*** İspanyolca *luna*/ay ve *lunar*/ben sözcükleri arasındaki ses benzerliğinden yararlanarak, yazar burada bir kelime oyunu yapmaktadır. –*çev.*

Böylece Ufuklar Fışkırması ile birlikte olan Yılan Kenti'nde kala kala yalnızca Gül rengi Balıkçılkuşu Irmağı kaldı. Oysa derler ki... derler ki, o bir kuş kızılı yansımalar kenti idi. Yine derler ki... derler ki, Kaktüs'ün Altın'a yenik düştüğü yerde diz çöken süngertaşı kenti idi. Yalnızca ırmak kaldı kala kala, kentin yansımaları akışı içinde olmaksızın seyredilen. Nerdeyse hiç titremeksizin akıntısının kirpikleri. Ama bir gün bilmek istedi ne olduğunu dağda yitip giden insanlara, çıkıverip yatağından sel oldu yayıldı dört bir yana, aramak için onları. Ne etse bulamadı onların soyundan kimseyi. Savaşçı örümceklerle karşılaşması ile ilgili olarak pek de bilinen bir şey yok. Örümcekler üstüne saldırdılar ağaçlardan, taşlardan, kayalardan... küçük tepelerle çevrili bir düzlükte. Oluklardan coşup geçen suyun sesi patlayınca kulaklarında uzun süre, insan tadı duyumsar gibi oldu, örümceklerin pataları arasında... Oradan anladı dağda yok olan insanların kanını emdiklerini.

4

Yokluk Güvercinleri'nin Göze görülmeyen Kadın Tanrısı, deniz kıyısındaki öbür kentin kurucusu. İşte orada Ufuklar Fışkırması ile birlikte olan, "Yılan" diye andıkları kentin haberini buldu. Anladı ki, en yüksek dağlardan kıyıya bir haberci akıntı gelmededir. Buyurdu geçtiği yerlerdeki tarlalar çiçeklensin diye, on iki gidim uzaklıkta; girebilmek için kurduğu kente çiçekler takınmış, kokular sürünmüş, anlatmaya hazır olarak insanlara, tüm unuttuklarını aşkın egemenliği konusunda.

Gene ağırlıksız tapınaklar-saraylar-kalelerden oluşan kentin kapılarında, bir deniz kabuğunun içinde saklanmışa benzeyen körfezin derin sularında bulunmaktan sevinçli, renkli tüycüklere dönüşmüş esinticiklerlerle gelen ezgili sözcükler selamladı onu.

Sen, Gülpembesi Balıkçıl Kuşlarının Beyi, eti gökçe gölgeden, iskeleti altın böğürtlenden olan sen, Huan Poyé-Huana Poyé'nin torunu, yağmurların gemiler yüzdüren oğlu, hoş geldin! Yokluk Güvercinlerinin Göze görülmeyen Anatanrısının kentine, hoş geldin!

Irmak oynaşarak girdi sahilin ak kumlarına, o sabah deniz kuşlarının önüne seriverdiği halı gibi.

"Uyusun!" diye bağırdı, çatısı olmayan bir tapınağın sütunları. Yokluk Güvercinlerinin Görülmez Anatanrısının imgesi olarak akarsu içinde çırpınaduran tapınak.

"Uyusun!" İki sıra rahip-bulutlar beklesin onu dizi dizi! Gündoğunca uyandırmasın kuşlar! Sabah onu gagalamasın kuşlar!

Çifte çifte kristal düş kayıklarının yaklaştı yelkenleri; yelkenlilerin biri içinde geldi Uyuyan Güzel, dişi etinin yansıması ayın küçüldüğü dönemde ölen adamların kanlarının karıştığı nehrin sularında kadın biçimine bürünerek. Pırıl pırıl bir güzellik, ballı memeleri çevreleyen çakıllarca taze dişlerin gıcırtısı, dik kıvrak kalçalar, eşemselliğin kokusu, nehrin denize kavuştuğu yerdeki pembe topraklı ada, yüzü suya dönük.

İşte böyle oldu ayın küçülen döneminde doğan erkeklerin kadınların, Yokluk Güvercinlerinin Göze görünmeyen Anatanrıçasının kentine yerleşmesi. Karanlık ırmaktan çıkmakta idi örümcekler.

5

Çulluk* kuşlarının yanardağ gibi patlaması haber verdi ortaya çıkışını Salya Aynası'nın...** Bir başka deyişle Guakamayo'nun. İşte o zaman yaşam direnişi başladı akıntıya karşı insanların, nehrin denize kavuştuğu yöreden dağlara doğru göç eden yığınların gerçek yansıması. Gök mavisinin çekimine kapılmış, denizin mavisini geride bırakmaktaydılar. Kadınların memelerinin kara sivri uçlarından çakmaktaşı kıvılcımları çıkmaktaydı. Bu bir simgeydi yalnızca, tıpkı dişilerde yumuşak bir elin okşamasıyla simgeleştiği gibi, alacakaranlıkta ateş buluverme sevincinin.

Kutsal gezideki halklar. Akıntıya karşı yürüyen insan yığınları. Kıyı iklimini dağlara taşıyan insanlar. Güneşin yakıcı değil de okşayıcı bir yumuşaklık kazandığı küçülen ay döneminin dönencesini var eden insanlar; varlıklarıyla atmosferi yumuşatan insanlar.

Dur durak bilmezdi kökler. Örgü dokumaktı tek amacı yaşamlarının. Minerallerse yenilmişlerdi dağların en ırak köşelerine dek, fışkırarak doğuyordu yeşil, kuşların yuvarlar ufkunda.

Sevi Yasaları yazıldı yeniden. "Ufuk Fışkırması Yılanı" denen ilk kentte uyuluyordu bu yasalara. Dağlarda ise unutulunca Sevi Yasaları, yok oluverdi oradakiler; nice resimler

---

* *Çullukgiller:* Kuzey Yarıtopsalda yaşayan, büyük göçler yapan uzun bacaklı kuşlar familyası (*Scolopacidae*). *–çev.*

** Asturias'ın kurduğu imgelem ağı, Maya Kozmografisi'ne dayanır. Guacamayo'nun sözleri ağzını incitir. Tükürmesi dişlerin tükürmesine, dişleriyse mısır tanelerine benzer. Her tutulmada dişler ağırır ve o zaman Şifalar Büyükannesi şöyle söyler: "Senin salyandakinden daha çok tutulma olamaz, çünkü ay parçalanıp senin ağzına girmiştir; onun için de sana Büyük Salya Aynası derler." Burada dişçilerin kullandığı "salyalı ayna"ya benzetme yapılmaktadır. Böylelikle onun tumturaklı konuşması "ağrılı bir diş"e ya da "diş ağrısı"na benzetilip yakıştırılmaktadır. Bu yakıştırma "yalan söyleme"nin "diş ağrısı" ile ilintilenmesini çağrıştırıyor. (*Popol Vuh* Mayaların ünlü kutsal kitabıdır.) *–çev.*

de yapsalar, zulmededursalar çocuklara, dahası maskeler bile giyseler kaktüs dikenli.

Sevi Yasalarını uyguladı, Yokluk güvercinlerinin Göze görülmez Anatanrı'sının kentinden kaçıp kurtulan geriye dönen insancıklar: Aya baka baka kemikleri gümüşleşip yüzleri göğe dönük durarak yaşlanagelen astronomlar, ilkel Ufuk Fışkırmaları benzeri her bir damar deliğinde bir ufuk sezmenin esinsel aydınlığıyla çılgına dönen sanatçılar, gönül okşayıcı kuş dili konuşan ticaret adamları, karadan saldırırken çevik, denizden saldırırken hızlı düşen yanar göktaşlarının karnında çatışmalara katılan savaşçılar. Sığınak tanımayan gökyüzünün bu savaşçılarını esintiler beslemekteydi, obur yaz samanyollarının ya da acımasız kuş fırtınalarının kırbacı altında.

Yılanlar kükürt aksırıyorlardı; topraktan ağzı açık canavarlar gibi çiçek çiçek fışkıran uçsuz bucaksız yeraltı barsaklarıydı onlar. Bu mağara benzeri yılanların girişlerini gözleyenlere zamanla "papazlar" dendi. Ateş yakmıştı onların saçlarını, kaşlarını, sakallarını, kirpiklerini, koltukaltlarını, utanmalık tüylerini... Yeşil yapraklar arasından süzülen, yanmış kızıllaşmış yıldızlara benziyorlardı, insanlarla iletişim kurmak için giysiler kuşanıp gelmiş. Tüylerinin yanmasından kalan kül tadı, garip karanlık bir duyumla tanrısallıkları görmesine yol açtı onların. Tüy külü ile papaz tükürüğü oluşturdular ilkel dinselliği, sessizliğin kabuğu, ilk büyüselliklerin acı meyvesi.

Tüm bu yanıltıcı kaçamaklı yaşam tansığının hiç bilemediler ne olduğunu, geleneksel anlatılara göre Altın'ın yendiği Kaktüs'ün dolandığı yerde papazlarca keşfedilen bir yansımalar kenti vardı, "Ufuklar Fışkırması" ile bir olan "Yılan" adlı kent.

Karıncalar yeni bir kent yarattılar sudan, tek tek kum taneleri taşıyarak, ilk yansımalar kenti, işini bitirince yorgunluktan ölen milyonlarca karıncanın kanıyla kardılar harcını;

gerçek duvarlar yükselttiler yüksek ağaçların doruğuna ulaşan; tapınaklar oluşturdular, uyuyakalan kuşların uçuşunun tanrıların giyim kuşamını taşlaştırdığı. Gerçek duvarlar, gerçek tapınaklar, konutlar... Artık yansıma olmayan, aynadaki görüntü olmayan gerçek yaşam için... gerçek ölüm için.

Tüm bunlar insanları güvenlik dansına yönlendirdiler: günlük yaşama... Ne ki, canavar pençelerindeki tırnaklar irileşmekte, yeniden başlamaktaydı savaş. Öldürümler çıkadurdu ortaya. Kavgacılar mineral adlarıyla adlanan sert pulatlar kuşanmak için soyundular kentsel yaşamanın yumuşaklığından. Yıkılmışlardı savaştan döndüklerinde, korkaklaşmışlardı, papazların kalıntılarını arıyorlardı uğursuzluklardan korunmak için. Bir kez daha geliyordu yıkım, canavarın dişleri arasında, Ufuklar Fışkırması ile birlikte olan "Yılan" kentini tergeyip yaşayabilmek için, Kaktüs'ün yenildiği yerde yükselen kentin yıkımı.

Kadınlar da katıldılar savaşa... İnsan sevgisinin soluğu bile olmaksızın yığılıyorlardı ağaçların suskunluğunda, adamlar adamların üstüne; kamışlardan az aşağı, tepelerden az yukarı; katılaşmıştı kadınlar soluğu bile olmaksızın insan sevgisinin, yüzlerinde erkeksi güdüler çizimliyordu, soğumuş maden rengi gölgeler. Vahşi hayvanların dişlerine tırnaklarına karşı açılan göğüs göğüse savaşta insanlar; çoğu sırtlarında pençeleri, enselerinde kesici dişleri, can çekişirken dökülen kanı durduran o yaramazlık dikenlerini duyumsayarak zevkle öldüler. Kentin çevresinde var olan tek gücün aşağılamasına ezmesine vermeye gidiyorlardı kendilerini: pumalar, jaguarlar, tapirler, çakallar... Kadınlar da göğüs göğüse savaştılar, ölümüne öne attılar kendilerini, kıyasıya saldırdılar döne döne. Sonra duyuldu canavarların tırnaklarını ölümün içine sakladığı, zehirli karanlıklardan yara alarak dişlerinin takırdadığı. Sonra görüldü geri dönmek istedikleri özlerine altın pumaların; kendi özlerine, kendi yaşamlarına, kendi bilimlerine, kendi kanlarına, kendi ipekli tüylerine, ak köpek dişleri arasındaki onlarca damla damlayan tatlı salyalarının lezzetine, her sefer daha ak olan kanlı diş etlerine. Sonra duyuldu tüm havanın camlaştığı, korkakça erkek hayvanların ve yaralı jaguarların sabit gözleriyle bütün dünya havasının camlaştığı; duyuldu dağ arabalarının kinli yakınmalarla kulaklarını kıstığı, kiminin tek gözü kör kiminin tek kulağı kesik; duyuldu acı çektiği ormanın, ağlamaklı maymunların çığlıklarıyla.

Her şeyin karanlık olduğu yere döndü canavarları yenen kadınlar, kaplanların kafasını süs diye takınıp, onları karşılayan kentlilerin utku adına yaktığı şenlik ateşlerinin aslan sarısı ışığında, başı kesilmiş hayvanların kürklerine sarılarak. İşte o zaman kadınlar egemen oldu; çamurdan oyuncaklar yapan, evi temizleyen, yemeklerin tadı gibi önemsiz işlerle uğraşan, sonra erkeklere çamaşır yıkayan. Elbette hokote* şarabından esriyip de havayı şenlendirmek için türkü okuyanlar, nehir kıyısında köpüklere bakarak fal açanlar, dinlenceye çekilen savaşçı kadınların ayaklarına, karınlarına, meme uçlarına yapışmış otları kaşıyıp çıkaranlar bunun dışında.

Ağır ağır geçiyordu zaman, taşların içinde sarsılıp duran tufan kumları örneği, üstündeki çiçek hastalığı döküntüsüne benzeyen yazıların çürüttüğü taşlar; tıpkı kış günlerinin salyasının, boyalı adamların yazılı tarihinin görkemli sayfalarını çürüttüğü gibi, unutturuyordu kentte yaşayanlara gerçek olguları, uydurma masallarla, boy oyunlarıyla tanrıların; böylece dayanak buluyordu ölümsüzlüğe olan inançları.

Tanrılar gün sökerken çömelik durumda uyandılar, hepsi de renk renk boyanmışlardı. Böyle görüverince onları yine

* *hokote (jocote):* Erik cinsinden bir yemiş. *–çev.*

kentte oturanlar, unutuverdiler, nehrin aynası ile ilgili düşüncelerini; başladılar yüzlerine alkım gibi renkli renkli tüyler yapıştırıp kremler sürünmeye, sarı, kızıl, yeşil... Sonra Salya Aynasını* yapan aklığa karışan tüm renkleri.

Artık gerçek surlar, gerçek tapınaklar, gerçek konutlar bulunuyordu. Hepsi de topraktan ve karınca uykusundan yapılmıştı. İşte tüm bu yapıları yalaya yalaya eritip götürdü nehir. Bir tek iz kalmadı o şişkin gövdelerinden, buğday dolu tarlalarından, piramitlerinden, kulelerinden, ağ gibi örülmüş tarlalarından, hep güneşe yönelen meydanlarından.

Kaç dili vardı ki ırmağın tüm kenti eritmek için yalayaduran? Yavaş yavaş gevşedi taşlar, düş gibi yumuşadı, sonra çözülüverdi suyun içinde, tıpkı o ilkel yansımasal kentler gibi. İşte böyle oldu Büyük Salya Aynası denen Guakamayo'nun sonu.

6

Bitki örtüsü ilerlemekteydi. Devinimi duyumsamıyordu bile. Fısır fısır sıcacık yürüyüşü fasulyeliklerin, kabak tarlalarının, onları izleyen yeşilliklerin, dizi dizi yaldızlı tahtakurularının, katırcı karıncaların, su kanatlı sıçrayan çekirgelerin.

... İlerlemekteydi bitki örtüsü. Onların sıkıştırmasından bunalan hayvancıklar, ağaçtan ağaca sıçrayarak, ta ötelerde toprağın bu yeşil sıcak yapışkan karanlık örtüden kurtulduğu bir yer arıyor, bulamıyorlardı. Sel gibi yağıyordu yağmurlar. Saçları sıvı olan ağaçlar köksalmışçasına gökyüzüne. Sağ kalmış tüm yaratıkların, yerde gölge biçiminde uyuyakalmış pamuk bitkileri üzerindeki göbekli bulutların ölümcül şaşkınlığı.

---

* (Büyük) Salya Aynası: Diş hekimliğinde kullanılan su püskürtücü "diş aynası" ile ilgili bir benzetme. –*çev.*

Balıklar şişmanlatıyordu denizi. Yağmurun ışığı fışkırıyordu gözlerinden. Kimisi sakallıydı donuk ve sıcak. Kimisinin kendi çevresinde ateşli bir hastalığın nöbetleri gibi döneduran yuvarlak lekeleri vardı. Hiç kımıltısızdı kimisi, suyun altında. Sonra daha daha niceleri. Denizanalarıyla* haşlamlılar** ise kirpiksileriyle dövüşmekteydiler. Toprakla suyun birleştiği yerde yeşillik dibe çöküyordu ağırlığından, ince bir çamurun alacasında, süt salgılayan canavarların buzlu nefesinde, yarısı minerallemiş bedenleriyle, kafaları bitkisel kömürden uzantılarının büklümlerinde sıvı polenlerin kaynaştığı.

İlkel kentlerden belli belirsiz haber alınabiliyor. Bitki örtüsü çoktan kaplamış örenleri, yapraklar altındaki yarıklardan ses gelmede, sanki tümü çürümüş kütüklermişçesine. Çatlaklar, su birikintileri, çatlaklarda içi can dolu varlıklar yer tutmuş, alçak sesle konuşup bin yıllık boruçiçeklerinin dönüşünde sarmalayarak tanrıları, kısaltmak için büyülerinin ulaştığı uzaklıkları, tıpkı bitki örtüsünün toprağı sarmaladığı gibi, tıpkı giysinin kadını sarmaladığı gibi. İşte böyle oldu halkların sıkı ilişkisini yitirişi tanrılarla, toprakla. Bir de kadınla, duruma göre...

(Çeviri: A. Cengiz Büker)

---

* *denizanaları:* Selenterlerin bir yere bağlı olmayıp yüzebilen türlerine verilen ad. Zooloji'de: meduza, medüz. –*çev.*

** *haşlamlılar:* Çoğu sularda yaşayan, mikroskopla görülebilen tek gözeli hayvanlar sınıfı. –*çev.*

KUKULKAN*

KUŞTÜYÜNE BÜRÜNMÜŞ YILAN

Çeviri: A. Cengiz Büker

* Bu bölüm Asturias'ın yerli motifleri kullanarak yazdığı bir tiyatro eseridir. Yapıtta geçen isimler Chiché, Maya ve Nahuate efsanelerinden alınmış kişiliklerdir. *Kukulkan:* Maya'larda "Cuculcán", Quiche'lerde "Cucumatz" Nahuas'larda "Quetzalcohuatl" denen en yüksek eski Tanrılardandır. Orta Amerika halklarında en yüce kutsallıktır. Adı hiyerogliflerdeki simgesi olan "Kuştüylü yılan"dan alınmadır. Buradaysa Kukulkan "Göğün Kudretlisi" olarak "Güneş'le" eşleştiriliyor; bu anlam, adının kökeninden gelme değildir *–çev.*

Önsöz Yerine

[Osvaldo Obregón'un, *Reflexiones sobre teatro latinoamericano del siglo veinte* (Yirminci Yüzyıl Latin Amerika Tiyatrosu Üzerine Düşünceler) adlı kitabında yer alan makalesinden alınmıştır.]

Miguel Angel Asturias tiyatro üzerine düşündüklerini, edebiyat alanına henüz girdiği, iki büyük savaş arası dönemde, Paris'teki ilk bulunuşu sırasında, "Amerika Yerlileri Kökenli Bir Tiyatro Yaratma Olanağı Üzerine Düşünceler" başlığıyla *Révue de l'Amerique Latin* dergisinde yayınladığı makalesinde açıklamıştır.

Yazarın bu denemesi, hem dışa vurduğu fikirler hem de yazıldığı dönem açısından önemlidir. Yazık ki, yeterince yaygınlaşamamış, Fransızcadan başka dillere (İspanyolcaya da) çevrilmemiştir.

Yazarın –bu makalede ayrıntılarıyla açıkladığı gibi– tiyatro üzerine düşünceleri *Kukulkan* başlıklı tiyatro piyesinin düzenlenmesi sırasında oluşmuştur. Buna göre Maya, Kiçe (*Quiché*) ya da Nahua (*Nahuatl*) dünyasında var olan bir mitolojinin içinde başkahraman olarak simgelenen Kukulkan, Kiçe uygarlığında Gukumatz (*Gucumatz*) ya da Nahua uygarlığında tanınan Ketzalkoatl (*Quetzalcoatl*) kavramına karşı gelmektedir. Bu kavramlar en eski, en yüce tanrılar anlamındadır. Tüm bu yüce tanrısallıkların gücünü temsil edense Güneş'tir.

Asturias'ın *Kukulkan* oyunu, üçer sahneye bölünen, ayrı ayrı uzunluklarda, üç perde ile kurulur. Böylece toplam dokuz bölümdür. Canlandırılan öbür kişiliklerse şunlardır:

Kukulkan'a karşı çıkan Guakamayo (*Guacamayo*), Çinçibirin (*Chinchibirín*), Kalabal ile Huvaraviks (*Kalabal y Huvaravix*), Sakallı Tosbağa (*Tortuga Barbada*), Dantelli Tosbağa (*Tortuga con flechos*), balemici (*Chupamieles*), Yaí, Yamaların Ninesi (*Abuela de los Remiendos*), Ak Davul Dövücü (*Blanco aporreador de tambores*) ve koro.

Canlandırılan tüm bu kişiliklerse, yerlilerin Mitos'larından alınmadır.

BİRİNCİ PERDE - SARI
(SABAH)

Sarı perde, sabahın rengi, sabahın sarı renginin büyüsü. Sarı Kukulkan, yüzü sarı, elleri sarı, saçı sarı, uzun çubuk bacakları sarı, tumanı sarı, giysisi sarı, yüzünde maskesi sarı, tüyleri sarı, kolunda bilezikleri sarı, sarı perdenin önünde sarı sabahın boyası. Guakamayo adam boyunda, yerde ayakta duruyor, rengârenk tüylerle kaplı.*

KUKULKAN: "(*Yüksek uzun bacaklarının üstünde)*** Ben güneş gibiyim!"

GUAKAMAYO: "Kuak?"

KUKULKAN: "Ben güneş gibiyim!"

GUAKAMAYO: "Kuak?.. Kuak?"

KUKULKAN: "Ben güneş gibiyim!"

GUAKAMAYO: "Akukuak, kuak?"

KUKULKAN: "Ben güneş gibiyim!"

GUAKAMAYO: "Kuak, kuak, akukuak, kuak?"

KUKULKAN: "Ben güneş gibiyim!"

GUAKAMAYO: "Sen güneşsin, akukuak, sarayın yusyuvarlak, güneşin sarayına benzer, gökleri var, toprakları, du-

---

* *tuman:* Don, çorap, pantolon türünden giysi. –*çev.*

** Tahtadan yapılma yüksek bacaklar, cambaz sarıkları –*çev.*

varları, denizleri, gölleri, gün bahçeleri, tün bahçeleri, gece bahçeleri (*ağır ağır vakarlı bir sesle*); gün bahçeleri, tün bahçeleri, gece bahçeleri..."

KUKULKAN: "Ben güneş gibiyim!"

GUAKAMAYO: "Akukuak, güneşsin sen, üç renkli sarayında oturursun: gündüzün sarısı, tünselin kızılı, gecenin karası!"

KUKULKAN: "Ben güneş gibiyim!"

GUAKAMAYO: "Güneşsin sen, akukuak, güneşsin sen! Geri dönemeyen güneş, günden tüne geçen, tünden geceye geçen, geceden güne geçen..."

KUKULKAN: "Ben güneş gibiyim!"

GUAKAMAYO: "...günden tüne geçen, tünden geceye geçen, geceden güne geçen, günden tüne geçen, tünden geceye geçen, geceden güne geçen... (*her bir kez daha yeğin, daha dolambaçlı, ağır bedeniyle çocuksu sevinci çelişerek*) günden tüne geçen, tünden geceye geçen, geceden güne geçen; günden tüne geçen, tünden geceye geçen, geceden güne geçen..."

KUKULKAN: "Ben güneş gibiyim. Gündüz sarıları giyip çıkarım tan atışının sınırsızlığında. Saymadan nemli ateşten yapılmış saçlarıyla gezinen altın pireleri, bitleri. Okşarım papağanların taze kamıştan tırnaklarını, balıkçıl kuşlarının ak tüylerini, Guakamayo'ların ay gibi parlayan gagalarını..."

GUAKAMAYO: "(*Diline pelesenk olmuş gibi, kendi kendine yineleyip durmaktayken 'günden tüne geçen, tünden geceye geçen, geceden güne geçen...' diye, 'guakamayo' adını duyuverince şiddetle tepki gösterir:*) Kuak, kuak, kuak, kuak!"

KUKULKAN: "... ayrıca, yanardağlarla dolu olan bahçemde, uçtukları yere altın tozu serpen çulluk kuşlarının kuyruklu yıldızını da okşarım. Döktükleri polenler, hoş kokulu çalı yemişinden beslenen zümrütlerin koca burnuna kaçıp aksırtır onları."

GUAKAMAYO: "(*Gururla diklenip kanadını koca gagasına sürterek*) Kuak, kuak, kuak, kuak, kuak, kuak, kuak!"

KUKULKAN: "Gündüzün sarısından soyunmaksızın, daha tepedeyken dünya, su daha fıkırdıyorken, deniz kıyısının mermerleşmiş taşlarının üzerindeki gökçemtırak çizgilerin yarattığı dev kurbağalarca çırpınıp duran göllerde yıkar arıtırım imgelemimi. Taşla suyun büyük solunumunun ortasında, parlak eşekarılarına dönüşünce saçtığım ışınlar, uçuveririm bal peteklerine, hızlanıp uça gelmek için daha ileriye, sudan çıkarken ıslanmadan sarı giysilerimin içinde, petekten çıkarken yanmayan bir imgeyle, ısırsın diye onu, açlık ve okşama, mısır yapraklarının ince dişleri, koca sıçanların mısır tanesi dişleri."

GUAKAMAYO: "(*Sabırsızca gürültüyle çırpar kanatlarını, bir yandan öte yana geçer, kanat tüylerini kullanıp kulaklarını tıkar, hep aynı sözleri dinlemekten sıkıldığını anlatmak için.*) Kuak, kuak, kuak..!"

KUKULKAN: "Mısır yapraklarıyla sıçanların, ışıksal isteklerini kandırmak için, benim imgemi kemirmeye çalıştıklarını görmek güldürüyor beni. Gıdıklanıyorum. Herkes ve her şey gibi benim varlığımla yaşar onlar da. Onların kanı içlerindedir, benim kanımsa dışımda. Benim ışığım kanımdır, imgemse ateşböceği."

GUAKAMAYO: "... günden tüne geçen, tünden geceye, geceden güne, günden tüne geçen..."

KUKULKAN: "Bağlardan çıkıp vahşi hayvanların yanındaki adama geçiyorum, karanlığı görmek için gündüzün sarısıyla gözlerini ovuşturan. Ya da sanatçıların yanındakine, alçak sesle ezgiler besteleyen, sevi ya da savaş türküleri düzen, tüyleri yapıştıran, ipliği eğiren, bulutları sayan, kamış sopanın ucunda al fasulyelerle fal açan, ya da öylesine kadınlar gibi boş boş dolaşan ressamlar, mücevherler, kuyumcular, müzikçiler, biliciler..."

GUAKAMAYO: "(*Sağ patasıyla yere al fasulyeler atar gibi yaparken*) Ts'ite! Ts'ite!.. (*Yere saçtığı fasulyelerde gördüğü bir kehanetten şaşırmışçasına sıçrayarak)* Ts'ite! Ts'ite! (*Kafasını bilgiç bilgiç sallar, sonra al fasulye yığınıyla oynamayı sürdürerek davranış ve korkutucu devinimleriyle falcılara öykünür*)"

KUKULKAN: "Gündüz odalarında, uçan kuşların kuş evleri altında, toprağın en arınmış altınının sağıldığı tünekte, kamusal işlerde beni düğümlerler. Hazine işleriyle uğraşanlar, sebze bahçelerine bakanlar, ekim alanlarının bekçileri... bildirirler bana krallığımda olup bitenleri: Bulutlar yaptı mı yataklarını, eski yuvalar yenilendi mi, olgunlaşanlar yüz tuttu mu çürümeye..."

GUAKAMAYO: "(*Öfkeyle çırparak kanatlarını)* Ondan bundan, ondan bundan..."

KUKULKAN: "Jaguar kılığına girip top oynayarak, ya da en becerikli savaşçılarla ok ya da sapan talimi yaparak geçiririm gündüzün geri kalanını. Ama öğle vakti gelip de, insanların gözleri terle dolduğunda, ak *kolibri*'nin* gözünü, bir de altın kırkayağı buldukları süre geçtiğinde, başlarım işte sarı giysilerimden soyunup allar kuşanmaya, parmaklarım yakutlarla dolar; köpüklü tiste** içilen söyleşi saatlerinde, et yiyen çiçeğinin soluk almasıyla kan rengi boyarım dudaklarımı. Çamların altında uyuyan, suda kıvrılıp yatan boynu halkalı

* *kolibri:* Sinekkuşu; İngilizce: *hummingbird. –çev.*

** *tiste*: Orta Amerika'da kavrulmuş mısır unu, kakao, anatta ve şekerle yapılan bir içki. *–çev.*

güvercinlerin sevişmeleri bana gözlerim açıkken düş gördürür; boyalı bulutların hamağına uzanıp soğuktan ürperirken, ağaç kaktüslerinin ezme suyuyla katran gibi karartarak saçlarını, ateş dolu kraterlere uzanan tırnaklarımla..."

GUAKAMAYO: "Her akşam yüz bin savaşçı düşer kurduğun pusuya, Kukulkan! Yüz bin yiğit kanını verir alacakanlıkta, tünyıldızının altında!"

KUKULKAN: "Ben güneş gibiyim! Ben güneş gibiyim! Ben güneş gibiyim! (*Bir sıçrayışta Çinçibirin* girer, yaklaşmadan sarı perdenin büyülü ışımasına, ya da Guakamayo'nun renklerinin şaşırtmacasına. Ağırlığı yok. Havanın getirdiği bir alev. Kukulkan gibi tümüyle sapsarı giyinmiş. Maskesiz.)*"

ÇİNÇİBİRİN: "(*Kukulkan'ın önünde yerlere kadar eğilerek)* Efendi, benim Efendim, büyük Efendimiz!"

KUKULKAN: "Neler oluyor Çinçibirin?"

ÇİNÇİBİRİN: "(*Hep eğik durarak*) Efendi, benim Efendim, büyük Efendimiz, ormanların koruyucusu konuşmak istiyor sizinle. Tavşanlarla papaya** yemişlerinin arasındayım, gördüm ki değişmedeler, yemişler tavşan gibi koşmaya koyulmada, papaya yemişlerini emzirmeye çalışmada; tavşanlarsa yemiş gibi. Saymayı sürdürür durmadan hiç görülmedik nesneleri. Şimdi *kolibri* kuşlarının ekimi var, ekmeye dün akşam başlamışlar. (*Kukulkan uzun bacaklardan inmeksizin sağa doğru çıkar*) Efendim, benim Efendim, büyük Efendimiz! (*Kukulkan çıkarken Çinçibirin başını kaldırır, uzun süredir kımıldamadan uyur gibi duran Guakamayo'dan sakınmak için sarı perdenin büyülü ışınımına yaklaşır.)*

Kukulkan güneş gibidir, güneş gibidir, güneş gibidir!"

---

* *Çinçibirin:* Kukulkan'a hizmet eden son savaşçı; uzaktan Yai'ye âşıktır. *–çev.*
** *papaya:* Kavuna benzer bir meyve. *–çev.*

GUAKAMAYO: "(*Kanatlarını kuvvetle çırpar, sinirlenerek:*) Kuak, akukuak kuak? Kuak, kuak, akukuak?"

ÇİNÇİBİRİN: "Güneş gibidir!"

GUAKAMAYO: "Nesine yarar ki güneş gibi olmak, akukuak, sarayında var olmak bir aldanışsa, güneşin sarayında da olduğu gibi; her şeyin geçici olduğu ve hiçbir şeyin kesin olmadığı bir yanılsama... Bize gelince, ben Çinçibirin, vahşi hayvanlar, sanatçılar, büyücüler, papazlar, savaşçılar, kadınlar, bulutlar, çiçekler, yapraklar, sular, kertenkeleler, pihuylar...*"

PİHUYLAR: "(*Sesler*) Pi-huy!.. Pi-huy!.. Pi-huy!.. Pi-huy!.. Pi-huy!.."

GUAKAMAYO: "Çikirinler...**"

ÇİKİRİNLER: "(*Sesler*) Çikirin!.. Çikirin!.. Çikirin!.. Çikirin!.."

GUAKAMAYO: "Kumrular..."

KUMRULAR: "(*Sesler*) Ku-ku!.. Ku-ku!.. Ku-ku!.. Ku-ku!.."

GUAKAMAYO: "Dağ Arabaları..."

DAĞ ARABALARI: "(*Sesler*) Hos-hos-hos-...sss...çiko!.. Hos-hos-hos-...sss...çiko!.."

GUAKAMAYO: "Horozlar..."

HOROZLAR: "(*Sesler*) Ki-ki-ri-ki!.. Ki-ki-ri-kü... Ki-ki-ri-kü..."

GUAKAMAYO: "Çakallar..."

ÇAKALLAR: "(*Sesler*) Auuuuy...uuy!.. Auuu...uy...uuy!.. Auuuuy...uuy!.."

---

* *pihuy (pijuy):* Tütün rengi, tırmanıcı kuş, "sigara izmariti"i de denir. *–çev.*

** *Çikirin (chiquirîn):* Yeşilimsi sarı kanatlı, koca kafalı, çıkıntı gözlü böcek; erkeklerin karnında sıcak havalarda keskin tekdüze ses çıkaran bir örgen bulunur; cırcır böceği. *–çev.*

(*Köpek havlamaları, tavuk gıdaklamaları, fırtına gürültüleri, yılan ıslıkları, turpiala* ezgileri, guardabarrancas** cenzontes*** Guakamayo... seslendikçe geçtikleri duyulur; sanki çocukların ağlaşması, kadınların gülüşmesi gibi gürültülü kalabalık, sürü sürü.*)

GUAKAMAYO: "...hiçbir şey var değildir, Çinçibirin, her şey devinimsiz bir aynadaki düşler. Yalnızca Kukulkan'ın geçişi sırasında günden tüne, tünden geceye, geceden güne değişip duran ışık, duyumsatıyor bize yaşadığımızı. (*Birden kesip, patasını gagasına götürür*). Yaşam senin anlayacağından daha ciddi bir aldanıştır, Çinçibirin!"

ÇİNÇİBİRİN: "(*Guakamayo'ya yaklaşarak*) Bana geceyi anlat..."

GUAKAMAYO: "Kuak kuak... akukuak kuak?"

ÇİNÇİBİRİN: "Hadi, geceyi anlat bana!.. Akukuak, fena değil! Çinçibirin'le, akukuak, fena değil!.."

GUAKAMAYO: "Gece kadınlar içindir. Bir *nance***** kadar güzel olan akşam yıldızı çıkınca, göklerin ağzını sulandıran, Kukulkan'ı erkeklerle arasındaki işi bırakıp aşağılara indiren; alçak, sıcak, sevişmeye elverişli topraklar. Gece kadınlar içindir. Kadın çılgınlıktır, Çinçibirin. Tarántula'nın***** solması gibidir, Çinçibirin. "

ÇİNÇİBİRİN: "Anlat, anlat!"

GUAKAMAYO: "Yorgun düşürücü kadın hizmetliler gelir Kukulkan'a. Ellerini memeleriyle parfümlerler. Kadınların memeleri kuş yuvası gibidir, Çinçibirin. Akşamın, savaşçı-

---

* *turpial:* Sarı, güzel ötüşlü bir kuş. –*çev.*

** *guardabarrancas*: Toprakta sellerden ve akıntılardan yarıklar oluşması. –*çev.*

*** *cenzontes* (*sinsonte*): Karatavuğa benzeyen bir Amerika kıtası kuşu. –*çev.*

**** *nance:* Sarı, tadı kokusu hoş olan küçük yemiş; çalılıkta yetişir (*Malpighia montana.*) –*çev.*

***** *tarántula:* İri kara örümcek. –*çev.*

ların rengi olan kızıl giysilerini değiştirirler koca siyah bir pelerinle. Yakut kırmızısı yüzükleri, bilezikleri de *obsidiyen** yüzüklerle bileziklerle."

ÇİNÇİBİRİN: "Anlat, anlat; akuak; anlat..."

GUAKAMAYO: "Karamtırak balmumundan yaşlı kadınlar, ona ay gümüşlü kara tepsilerde *atole*'ler** tatlılar, tütün ve sıcak erik şarabı sunarlar. Tıpkı su bitkileri gibi, yarısı balık yarısı yıldız kadınlar çıkar ortaya, örümcek ağı dokunuşuyla düğüne hazırlamak için onu. Tüm bedenini ovarlar tüy gibi hafif dokunuşlarıyla. (*Susar, patasını gagasına götürür)* Tahtakuruları batsın, dişim ağrıyor! (*Ağrıdan tepinir gibi yapar)* Tek dişim değil, hepsi ağrıyor dişlerimin!"

ÇİNÇİBİRİN: "Kadınlar nedir, kadınlar; akukuak?.."

GUAKAMAYO: "Kadınlar bitkiseldirler, Çinçibirin..."

ÇİNÇİBİRİN: "Sen de bana onların örümcek ağı dokunuşuyla Kukulkan'ı yağlarla ovarak düğüne hazırladığını söylüyorsun! Efendiyi, benim Efendimi, büyük Efendimizi..."

GUAKAMAYO: "Evet, öyle. Sonra onu, hazır olunca, şafağa dek onun eşi olacak genç kızın bulunduğu odalarına götürürler..."

ÇİNÇİBİRİN: "Neden şafağa dek?"

GUAKAMAYO: "Geceleri iki el uzanır derin gölden, kızı alıp götürürler, Kukulkan'ın yatağından, sürükleyerek; sonra atarlar onu yaşamın yansıma oyununun sona erdiği derinliklere, türemeler olmasın soyundan diye."

ÇİNÇİBİRİN: "Sus, yalancısın sen."

---

* *oksidien:* Doğal cam; yanardağdan çıkan koyu renkli, cama benzer, çok sert bir taş. Eskiden ok başı, bıçak vs. yapılırdı. –*çev.*

** *atole:* Mısır unu lapası. –*çev.*

Birinci perde - Kızıl (Akşam)

Kızıl perde, akşamın rengi, tünlüğün kızıl renginin büyüsü. Kukulkan kıpkızıl. Yüksek tahta bacakları yok: Tumanı kırmızı, üstünde kan rengi savaş elbisesi, al bıyıklı al savaşçı maskesi, kızıl savaşçı tüyleri, kızıl perdenin karşısında, bir dizi yere dayalı, elinde yayı ilk okunu fırlatmaya hazır. Yanında, ondan az geride, Çinçibirin de allar giymiş, maskesi yok, yayında oku gerili, dizi yerde, ikisi birden atmaya başlarlar oklarını kızıl perdeye, bir ok perdeye değince bir insan iniltisi kopar. Savaş ritimleri vurulur. Kukulkan ile Çinçibirin, ok atarak dans ederler. Perde her ok değişte inler ölümcül yara almışçasına. Davul kavgaya eşlik etmededir. İçi oyuk ağaç kütüğünün sesi her vuruşta daha yakından işitilir. Kabuk ve metal. Savaşçılarla, insan iniltileri çıkararak parçalanaduran akşamın perdesi arasında kavga şiddetlendikçe, daha da güç kazanmaktadır davulun gümleyişi. Trampetler duyulmaya başlamıştır. Kızıl perde çöker. Kukulkan gözden uzaklaşır. Çinçibirin eğilir, son kalan okla yayında.

ÇİNÇİBİRİN: "Efendim, benim Efendim, büyük Efendimiz! (*Başını kaldırınca alnında akşam yıldızı parıldar*)"

GUAKAMAYO: "(*Ortaya çıkmadan*). Kuak, kuak, kuak, kuak!.."

ÇİNÇİBİRİN: "(*Başını Guakamayo'nun sesinin geldiği yöne çevirip okla nişan alır)* Gururluluk yolunda görmeyeyim seni, uğursuz kuş!"

GUAKAMAYO: "(*Esrik gibi kanatlarını sürüyerek gelir)* Diş ağrımı dindirmek için *çiça** aldım biraz, o yüzden sersem gibiyim!"

ÇİNÇİBİRİN: "(*Okunu alnına doğru tutarak)* Beni kandıracağını mı sanıyorsun?"

GUAKAMAYO: "(*Ürkekçe geri çekilerek)* Akukuak, seni kandırmaya çalışmıyorum. Guakamayo sarhoş olunca her şeyin görür gerçeğini. Onu dinlersen, değerli taşlar gibidir sözleri. İyi saklamalısın onları dipsiz cebinde kulaklarının."

ÇİNÇİBİRİN: "Bilmem ama, senin sesin kaşındırıyor ruhumu. Bana geceyi anlatır mısın?.."

GUAKAMAYO: "Olmaz, sana gündüzü anlatmalıyım."

ÇİNÇİBİRİN: "Şu elimdeki son ok, unutma sakın onu sana ayırdığımı."

GUAKAMAYO: "Gündüz güneşin yoludur, ama yerlerin göklerin yüce kudretlisinin yürüyüşü gözle görülen gibi değildir, akukuak. Çiz hadi bakalım şuraya, kumların üstüne okunla güneşin devinimini."

ÇİNÇİBİRİN: "Sarhoşsun sen!"

GUAKAMAYO: "Evet, sarhoşum. Ama bu sana güneşin devinimini dosdoğru anlatamam demek değildir. Okunla değil de, yayınla çiz, hadi!"

ÇİNÇİBİRİN: "Beni silahsız bırakmak istiyorsun..."

GUAKAMAYO: "Yayını elinde sakla, ama şöyle yukarı kaldır da çizdiği çizgide görebilesin güneşin devinimini."

ÇİNÇİBİRİN: "Yayda mı göreceğim onu? Bu yandan çekil, ak sinekkuşunun gözüne doğru çık yukarı, yayın öte yanından aşağı in, şurada gizlen."

---

* *çiça:* Mayalanmış mısırdan yapılan alkollü bir içki. –*çev.*

GUAKAMAYO: "Görülüyor, akukuak, ama yerlerin göklerin kudretlisinin devinimi hiç de böyle değil. Yayın bu yanından dışarı çıkıp, gün boyunca yükselerek ak sinekkuşunun gözüne, göğün tam ortasındaki mısır dişine varana dek ilerliyor, sonra geri dönüyor oradan, tün boyunca ise aynı yoldan geriye inerek çıktığı yerden yitip gidiyor. Tüm yayı izlemiyor baştan sona."

ÇİNÇİBİRİN: "*Çiça* içip usunu yitirmek, diş ağrısından daha kötü. Ancak bir sarhoş böyle konuşabilir. Kimdir o biteviye yineleyip duran... günden tüne geçer, tünden geceye geçer, geceden güne geçer, günden tüne geçer... diye? Kim bildirebilir ki, varlığın kımıltısız yansımasında, hiçbir gerçek kesin değilken; Kukulkan'ın geçişiyle değişe değişe, bize yaşıyor olduğumuz izlenimini veren ışıktan başka?.. Tırmanıcı pihuy kuşları, horozlar, kumrular, çikirinler tanıktır buna."

GUAKAMAYO: "Kendimiz olduğumuzu sanırken, yalnızca anıyızdır gerçekte tümüyle. Söylediklerimin anısı, şimdi sana yapacağım aydınlatmalar olmadan, gururundan dolayı savunmadasın; sanki bu sözler kabuklaşmış gibi, sence değerli olanların içinde."

ÇİNÇİBİRİN: "Her şeyi unutayım gitsin, öyle mi? Şimdi de güneşin döngüsünün yarısına dek gelip, üç renk sarayından öteye gitmediğini ileri sürüyorsun, öyle mi? Hayır, buna inanamam, akukuak..."

GUAKAMAYO: "Seni her konuda aydınlatmam gerekecek sanırım; ama bunun için tavuk gibi yakalayıp belleğini, koparmalısın boynunu."

ÇİNÇİBİRİN: "Renkler tavuğunun keseceğim gırtlağını, hazır sarhoşken, tıpkı hindilere yaptıkları gibi."

GUAKAMAYO: "Yaşam fazla ciddi bir aldanıştır, sen küçüksün anlayamazsın, akukuak..."

ÇİNÇİBİRİN: "Bu ok da epeyce sivri, susman için..."

RALABAL*: "(*Görünmeden*) Kim tanır esen yelleri bencileyin? Ben, ben Ralabal, ben be-en, be-e-en... özge bitkilerin yapraklandığı yere kök salan kristal pamuk ağaçlarının gövdesi gibi bel veren selleri tanıyan ben; o pamuk ağaçları yüksekte doğar, dallarıysa başka ağaçların köklerinin olduğu yerdedir; çünkü çiçekleri aşağı yukarı açar, kristal tepeleri köpüklü yapraklarla ve gökkuşağı rengi çiçeklerle donandığında. Ben, Ralabal, ben, be-en, be-e-en... Senin okunun ucuna bekçiler koydum, Guakamayo'nun yüreğindeki değerli taşlara saplanmayıp da, başka yöne sapsın diye."

ÇİNÇİBİRİN: "İşte bak, çıkıyor söylenenler. Derler ki, esrikler çukura düşmesin diye, tinsel varlıklar korur onları ya da uyurken küçük bebeklerinin üstüne yatıp boğmasınlar diye; ya da kafayı bulduklarında, ağızlarından tükürük saçarak, saçma sapan sözler söyleyip de ceza yemesinler diye."

RALABAL: "(*Görünmeden*) Ben, Ralabal ben... be-en, be-e-en... esen yelleri yönetir, kış aylarının yüreği olan o koskoca çürük ağaç gövdesinin yeşil likörünü içip sarhoş olurum. O çürük kütüğün karnında yaşayan karıncalar, zehirli örümcekler, solucanlar, soluğu tıkanan kertenkeleler, karanlığın katı kurtları ile karanlığın yumuşak kurtları, tırtılları... Ama gökyüzü dönmeden önce, yalnızca sevimli alacakanlık pirelerini koruyucu yapmalıyım kendime, sonra bir de duydum ki çobanlar yaklaşıyor... ben, Ralabal ben... been, be-e-en..."

ÇİNÇİBİRİN: "Dur hele, Ralabal, esen yelleri tanıyan bilge, söyleşimizi sürdürmek için çıkacağız ağaçların tepesine; sen de hakemi olacaksın Guakamayo ile benim yaptığım tartışmanın. Duydun mu neyi tartışmadayız?"

---

* Ralabal ve Huvaraviks: Maya "Xahil" yıllıklarında adları geçen söylencesel kişilikler. –*çev.*

GUAKAMAYO: "Benim bir yere çıkmağa niyetim yok, çünkü şu anda hem kafam yerinde hem de dişlerim ağrıyor."

RALABAL: "(*Görünmeden*) Ama, artık yeter, konuşmayalım; herkes gönlü dilediğince tırmansın ağaçlara. Ki artık çobanlar yaklaşıyor. Korkarlar yollarında böyle kocaman rengârenk bir kuş görüverirlerse, böyle tek oklu bir kızıl savaşçı ile birlikte."

ÇİNÇİBİRİN: "Hadi çıkalım öyleyse ağaca! Bak, yapraklar Ralabal'in nefesinden sarsılmada. Artık ne dediğini bilmiyor o. Yalnızca duyulan esen yelin sesi. (*Guakamayo'yu itekler*) Hadi kalk, yardım ederim ben sana... önce sen çık... dikkat et... kemiklerini kırma, yoksa kemik yerine mısır koçanı takman gerekecek! (*Guakamayo mızıldanır, hıçkırır, ağaca tırmanmaya uğraşır*) Hoppa! Hoppacık!"

GUAKAMAYO: "Hık!"

ÇİNÇİBİRİN: "Çık!"

GUAKAMAYO: "Hık!"

ÇİNÇİBİRİN: "Çık!"

GUAKAMAYO: "Hık!"

HUVARAVİKS: "(*Görünmeden*) Olamaz! Olamaz! Böyle der çobanların yüreği, savaşırken alçak bulutlarla, duygusuzca, yağmurdan daha ıslak durumda."

RALABAL: "(*Görünmeden*) Sus, Huvaraviks, gözcü türküleri ustası! Çobanların yüreği değil böyle konuşan. Soğuk esintilerin sırtındaki yündür, bitki sütü rengindeki sislere karşı sünger gibi şişmiş saçları havaya kaldıran."

ÇİNÇİBİRİN: "Hoppa, çık!"

GUAKAMAYO: "Hık!"

HUVARAVİKS: "(*Görünmeden*) Sen ne yapıyorsun böyle, Ralabal, *çiça* içmiş gibi dolaşarak? Dört yanı sindiriyorsun, deviriyorsun suları, ağaçları kolsuz bırakıyorsun, uçuruyorsun insanların evlerini..."

RALABAL: "(*Görünmeden*) Ben, Ralabal, ben, be-en, be-e-en... fırtına... saldırgan... özgür. Ama bırakalım diş etlerimizin içinde ısıran dişlerimizi; tatmasın ısırmasın tadını, geri dönsün yaklaşan çobanlar; çünkü burada Çinçibirin ile Büyük Salya Aynası hesap görmedeler."

ÇİNÇİBİRİN: "Çık!"

GUAKAMAYO: "Hık! (*Ağaca çıkmayı bir türlü beceremezler*)"

HUVARAVİKS: "(*Görünmeden*) Ben, Huvaraviks, Gözcü Türküleri Ustası, geri döndüreceğim şapkalarını kulaklarına dek geçiren çobanları, içine keçi sütü sağdıkları, içleri süt ve saç kokan tahta şapkaları; toprağı yemek için yapılmış kaşıklar kadar büyük tırnakları eski çamurla dolu; gerçek peyzajlarla yamanmış renk renk biçim biçim tumanlar. Birinin kalçasında bulutlar, öbürünün dizinde bir kelebek, berikininse bir garip çiçek sırtında... Yamacı Nine peyzajlar dokumuş giysilere."

ÇİNÇİBİRİN: "Ey Gözcü Türküleri Ustası, geri döndür bana çobanlarımı, çünkü yanar okum kana susamışçasına, bu gülünç kişiliğin çok renkli yüreğinin kanına!"

GUAKAMAYO: "Döndür geriye onları! Ama bir de danışmalısın onlara, sor bakalım onlar bilir diş ağrısının çaresini... Benim dişlerim pek de diş sayılmazsa da... Şu lanet büyücü çocukları mısır taneleri koydu benim değerli ağız kemiklerimin yerine."

RALABAL: "(*Görünmeden*) İşte durdular, geri dönüyorlar, pek beğenmediler bu yolu, senin sayende Huvaraviks, şimdi bir anlık da olsa toprak serpelim ayaklarımıza, Büyük Salya ile Çinçibirin arasında geçen şu tartışmayı izlemek için."

HUVARAVİKS: "(*Görünmeden*) Büyük Salya Aynasına, çobanların diş ağrısına karşı kullandığı ilaçtan vereceğim, o densiz şafak sökerken ağızlarında çürük mısırın sızısını duyup da, tükürük atamadıklarında. Ben, Gözcü Türkülerinin Ustası, bilirim bunun nasıl da dinmez bir ağrı olduğunu."

RALABAL: "(*Görünmeden*) Ben, Ralabal, ben, be-en, be-e-en... işte getirdim ilacı, şimdi görünür yapacağım kendimi, onu vermek için Büyük Salya Aynasına... Dayanılmaz bir acıdır bu... (*Görünerek*) Al işte, şu bayramlık sukabağından istediğini, dindirmek için acını. "Ne çok yalanlar çiğnemişsindir kim bilir dişlerinle..."

GUAKAMAYO: "Kuak, kuak, kuak!.. Kuak, kuak, kuak!.. (*Gagasını bayramlık sukabağının içine daldırıp yuttuktan sonra ilacı koca koca lokmalarla.*) Neredeyiz?.. Ağrım geçti bak, sen bir harikasın, Ralabal!.. İnsan kurtulunca böyle bir ağrıdan, bu bendeki ağrı gibi, sanki eliyle dokunmuşçasına ağrım geçiverdi, kendini başka bir dünyada gibi duyumsuyor insan böyle bir ağrıdan kurtulunca, işte bu yüzden sordum 'neredeyiz' diye, hangi ülkedeyim şimdi ben?.. Ağrım varken kendimden tiksiniyordum; ağrım geçti, şimdi yeniden sevmeye başladım kendimi."

HUVARAVİKS: "(*Görünmeden*) Ralabal sundu sana ağrını kesen ilacı, şimdi de kuşanıyor işte, bayramlık yüreğini... İnsan mutluyken hoş gelir ölümün oku. Ben, eğer ölmem gerekseydi, Ralabal'dan isterdim bayramlık sukabağını."

ÇİNÇİBİRİN: "Dur hele, akukuak, şimdi yeneceğim seni, daha sen ayılmadan şu bayramlık sukabağının etkisinden..."

GUAKAMAYO: "(*Art arda kahkahalar atarak*) Kuak, kuik, kuak, kuik, kuak, kak, akuakuik, akuakuak, kuikuakuak!"

ÇİNÇİBİRİN: "Seni yenersem, senin okun seni öldürecek, sen daha tümüyle soğumadan bir tüy demeti gibi elime alıp seni aldatan sözlerini, toz edip silkeleyeceğim ırmaklardan göllerden... eskileyin arı duru görünsünler diye."

HUVARAVİKS: "(*Görünmeden*) Tüm kulaklarımla dinliyorum seni. Bu ağaçlardaki tüm yaprakların her biri kulağımdır benim. Kaçırmak istemiyorum tek sözcüğünü bile."

RALABAL: "Artık biliyoruz ki, Gözcü Türküleri Ustası'nın yeşilmiş kulakları. Yeşil kulaklı çoban diye çağıralım onu."

ÇİNÇİBİRİN: "Diyorsun ki, akukuak, güneş akbalıkçıl kuşunun gözüne dek giriyor önce, sonra da geri dönüyor başlangıç noktasına. Bu doğru olsaydı, nasıl açıklardım onu düşerken gördüğümü, geldiği yere değil de büsbütün karşıtına?"

GUAKAMAYO: "Öyle diyorum, ısrar ediyorum. Güneş yalnızca balıkçıl kuşunun gözüne dek gidip, oradan geri döner. Yayın geri kalan yarısı, demek, tünsel bölümü ise onun ışıklı deviniminin bir kuruntusudur, (*pekiştirici tok bir sesle*), yalnızca bir kuruntu akukuak..."

HUVARAVİKS: "(*Görünmeden*) Yamacı Nine'yi aramaya gidiyorum, o bana iğne iplik verecektir dikmek için kulağına duyduklarımı."

RALABAL: "Susalım, susalım biz konuşanlar..."

ÇİNÇİBİRİN: "(*Kesip atan bir sesle*) Gözün gördüğü ortada işte, kurgu murgu da değil! Görüyorum gizlendiğini güneşin, izlemesinden sonra Üç renkli Sarayın yayını, dönmüyor ilk çıktığı yere, göz görüyor işte..."

GUAKAMAYO: "Sözcüklerle oynayıp duruyoruz!"

ÇİNÇİBİRİN: "Hayır!"

GUAKAMAYO: "Akuak? Ralabal sana bayramlık sukabağını verseydi keşke! Akbalıkçıl kuşunun gözü mısır tanesi dişidir güneşin."

ÇİNÇİBİRİN: "Dişinin ağrıdığını mı söyleyeceksin? Bu yüzden mi geri dönüyor?.. Dişi ağrıdığı için de yay üzerinde tün çizgisini tümleyip geri dönüyor gün çizgisinden, yükseldiği yere geri iniyor mu diyorsun?"

GUAKAMAYO: "Tün dediğin yalnızca bir kuruntudur..."

ÇİNÇİBİRİN: "Köşeye sıkıştığını görüyorum. Eğer güneş gerçekten geri geliyorsa kalkış noktasına, akukuak, kimdir o toy düğün eyleyen geceleri? Geceler kadınlar için yapılmıştır. Kadınların memeleri kuşların yuvasına benzer. Kimdir o tünsel giysilerini alacakaranlığın giyim kuşamı ile değiştiren, sonra da o yakut yüzükleri alacakaranlık taşından yapılmış olanlarla? Durmadan konuşuyorsun, işte, sen! Ben seni senin silahınla yenmek için verdim sana sözcük oyunlarını. Ya o genç kıza ne demeli, gün ağarana dek onun eşi olan..."

GUAKAMAYO: "Babalıklarımız çekip gitti birer birer. Huvaraviks işitmiyor şimdi olanları."

RALABAL: "Yo, ben gitmedim, gitmedim ama burada da değilim..."

GUAKAMAYO: "Dinle, Çinçibirin, şimdi sana yapacağım açıklamayı. Onu özenle sakla, Yamacı Nine nasıl getirdiyse iskeletini öyle, yapıştırmak için bu yamaları senin inanışlarına, saç teline benzer tükürüğüyle."

ÇİNÇİBİRİN: "Dinliyorum, dinlemek istiyorum seni; çünkü sen Aldatan Büyük Salya Aynasısın."

GUAKAMAYO: "(*Ciddiyetle*) Güneş doğar, akbalıkçıl kuşunun gözüne ulaşır gökyüzünün tam ortasındaki; sonra geri döner; yansıması görülür göğün koca bir ayna olan öbür yarısında. İşte bu yüzdendir ki bana Aldatan Büyük Salya Aynası adı verilir. Evreni yaratan da işte biz tükürüklerizdir. Gecenin kadınlar için yaratıldığı ise, bir kurgudur yalnızca. Güneşin kendisi ulaşmaz geceye. Ulaşan onun aynadaki yansımasıdır. Kadınlarsa nesnelerin kurgusundan başka bir şey elde edemezler. Kukulkan kendisine eş olarak seçilen genç kızla yatmaz; onun aynadaki yansımasıdır seviştiği."

ÇİNÇİBİRİN: "Hep sözcüklerle oynamak senin işin! Sapanımdaki taş parça parça edecek o aynayı. Kukulkan, Efendim, büyük Efendim, benim Efendim; o da şafağa dek ona eş olan kızla sevişemeyecek böylece."

GUAKAMAYO: "(*Şaşkın*) Çinçibirin, akuak, Çinçibirin, öldür beni, ama sapan kullanma. Okunu kullan, yayındaki."

ÇİNÇİBİRİN: "(*Eliyle göstererek*) Kızıl ok!"

GUAKAMAYO: "Hayır, Bolluk Yeri'nden aldığım ok."

ÇİNÇİBİRİN: "(*Şaşırdığını gizleyerek*) Sarı oku mu diyorsun?"

GUAKAMAYO: "Kuak, eline aldığında ok değildi o."

ÇİNÇİBİRİN: "Sarı bir çiçekti... Vay*..."

GUAKAMAYO: "Sarı Çiçek Kukulkan'a sunulmuştur! Gün doğuşuna dek onun eşi olacaktır.

ÇİNÇİBİRİN: "(*Dişlerini açarak adım adım geri çekilir. Bir eli yüzündedir. Öbür eli ise yere sarkmadadır, işe yaramaz bir nesne gibi. Yay ile birlikte kızıl ok)* Vay, sarı ok ha!.. Sa...rı...ok... be...nim...o...kum... VAY... VAY..."

GUAKAMAYO: "Sen ey yay çeken! Sen ey yay çeken! Vay ok vay! Vay ok vay! Ben ise gökkuşağı... kuak kuak kuak kuak... Güneşin yazgısı ile oynandı, vay!"

---

* *vay:* Aynı zamanda tarhlara tütsü olarak yakılan anason anlamına da gelir. –*çev.*

Birinci Perde - Kara (Gece)

✲

Kara perde, gecenin rengi, gecenin kara renginin büyüsü. KUKULKAN *soyunmaktadır. Önce maskesini atar, sonra sadağını*, tumanını, al giysilerini. Hepsi kan lekesi gibi yığılıvermiş ayaklarının dibine, alacakaranlığın atıverdiği çamur gibi... Suyun yüzüne toplanan, kir yığını gibi kıpırdayan kadın elleri, uzaktan gelen kamış ya da toprak çalgıların ezgisel ritmine uyarak,* KUKULKAN*'ı ince reveranslarla kara giysilere sarıyorlar. Dizleri üstünde sürünerek içeri giren* başka *kadınlarsa, ayağa kalkıp yüzünü boyuyorlar nokta ve çizgilerle; yüzünü, göğsünü, kollarını, bacaklarını... onu dövmelerle kaplı bir yığın gibi bırakana dek. Saçları çözülüp dökülmüş başka kadınlar, uzun buklelerinin gecesindeki yıldızlarla süslemekteler onu; bilezikler, alacakaranlık taşından yapılmış teller, küpeler, koyu renk deri tumanlar, alnına taktıkları çepeçevre kara kuştüyleri. Müzik durur. Giysileri giydiren kadınlar, takıları takan kadınlar, dövmeleri döven kadınlar çıkarlar dans ederek.* KUKULKAN*'ın ayakları dibine dökülen al giysilerle öbür kızıl nesneleri elden ele verirler birbirlerine. Onlar yitince uzanır Kukulkan, gece perdesinin yanı başındaki sakin, yarı aydınlık bir yatağa.*

---

* *sadak:* Okların içine konduğu, sırtta taşınan çanta, okluk. –*çev.*

KUKULKAN: "(*Burundan gelen bir sesle uykulu uykulu konuşur dişlerinin arasından*) Gölge, gecenin otu, dikensiz yaş bitki. Obsidiyen taşından yürek biçimindeki tosbağalar oynar durur. Öyle çok oynamış durmuşlar ki, çoğu bilmez artık nasıl ya da neden oynadıklarını..."

SAKALLI TOSBAĞA: "Nasıl oynanacaktı, bacılar?"

TOSBAĞALAR: "Nasıl, nasıl oynanacak bu oyun? İşte oynuyoruz ya! Sakallı Barbara* olmalı bu soruyu soran, bak işte hiç oynamadan duraduruyor öylece. Ama bacılarım, bizler oynamaktayız işte, sıçratmaktayız suları, çarpıştırmaktayız kabuklarımızı..."

DANTELALI TOSBAĞA: "Bacı, unuttun mu oyunumuzun mekanizmasını?.."

TOSBAĞALAR: "Ah...ha! Sakallı Tosbağa!"

DANTELALI TOSBAĞA: "...onun için mi soruyorsun nasıl oynanacağını?.."

SAKALLI TOSBAĞA: "Sonra, neyin şerefine oynuyoruz acaba? Ne ola şu bizim gece oyunlarımızın anlamı? Bilmem nasıl yaşayabiliyorsunuz, hiçbir iş yapmadan, gece oynayıp gündüz uyumaktan başka!"

DANTELALI TOSBAĞA: "Bilirsin bilirsin ama, unutmuşsun anlaşılan..."

TOSBAĞALAR: "Ah... ha, ha, Sakallı Barbara!"

SAKALLI TOSBAĞA: "Hiç dalga yok bugün karşı kıyıda!"

DANTELALI TOSBAĞA: "Ah...ha, ha, Sakallı Barbara!"

TOSBAĞALAR: "Ah... ha, ha..."

---

* Sakallı Barbara: Bir efsane kişiliği. "Barbara" bir kadın ismi, oysa sakallı nitelemesiyle tezat sanatı işletiliyor. Ayrıca İspanyolcasında "Barbara Barbada" hem "uyak" hem de "iç uyak" gözetilmiş. –*çev.*

DANTELALI TOSBAĞA: "Oyun oynamak en soylu işidir bir tosbağanın. Görevimiz bizim..."

TOSBAĞALAR: "Ah... ha, ha..."

DANTELALI TOSBAĞA: "Dinleyin, hayır, dinleyin... Tosbağanın başkaldırması kabuğunu doldurmaktan daha şenlikli bir yoludur erk tüketmenin. Bu ne böyle, her gün aynı, her saat aynı, kabuk... sırtımızda... taşıya taşıya..."

SAKALLI TOSBAĞA: "Eh, mademki sen böyle diyorsun, dantelli bacım, Dantelalı Tosbağa ile gurul gurul havakabarcıkları dantelasında. Hadi, öyleyse hep birlikte oynamaya!"

TOSBAĞALAR: "Ah... ha, Sakallı Barbara, şimdi de diyorsun, oynayalım, ama suya girdiğinde soruyordun densizce, nasıl oynanacak diye..."

Kamışların, topraktan yapılmış nefesli çalgıların şenlik çığlıklarıyla kesilen ezgisi gelir yeniden. Karalar giymiş, yalın ayak, saçları düzeltilmiş küme küme kocakarılar, iğne ardı ilmiğince atarak, Kukulkan'a yaklaşmak için adımlarını, kara tahtalardan yapılmış tepsilerle sunular sunarlar ona: balla tatlandırılmış mısır ekmeği, ekşili mısır ekmeği, buğusu tüten kara mısır hamuru dolması, kalın tuz ve acı biber ve erik şarabı ile kıvamlandırılmış et. Daha yaşlı olan başkaları ise pom'un sunularını yakmak için küçük küçük kırpışan ateşleriyle camlaştırılmış çamurdan mangallar getirirler. İçlerinden biri, tütün dolu bir kamış uzatır dudaklarına. Sonra bu eller kaybolurlar çağların dipsiz suyunda. Pom'un ak bulutlarıyla güçlü Kukulkan'ın tüttürdüğü duman bulutları. Bir o yandan, bir bu yandan beşer beşer ortaya çıkmakta gencecik yerli kızları, müzik hızlanmada, kızlar çevreleme dansı yaparken ayakları üstünde devingen çit çubukları gibi kamış*

* *pom* ya da *capol pom*: Tanrılara sunulan yakıcı reçine, bir tür tütsü. –*çev.*

dizileri taşıyarak, her dem yeşil yapraklı şimşirleri, sarı çiçekleri, al renkli ölmüş kuşcağızların bedenlerini. Önce ilerliyorlar, sonra geriliyorlar, ezgilerin tınısal ritimlerine uyarak sanki ayaklarını gagalayan, yaklaşarak Kukulkan'ın yatağına. Birden ellerindeki çiçekleri onun yanında çepeçevre bırakıp kaçıveriyorlar darmadağın.

Kopkoyu karanlık. Dağılıveriyor kavallarla toprak çalgıların ezgisi alçak tonda. Boşlukta yüzüstü bırakıldığı duyuluyor müziğin, çarpışan tosbağaların kabuklarından çıkan gürültü, dahası Huvaraviks'in sesi tümünü bastırıp üste çıkan.

HUVARAVİKS: "*(Görünmeden)* Ben, Huvaraviks, Gözcü Türküleri Ustası, sahilin sessizliğinde tosbağaların oyunlarının süregeldiğini duyuyorum, kabukları çarpıyor birbirine, çatışan boğalar örneği. Dantelalı Tosbağa, Sakallı Barbara'nın topluluğundan ayrılır, öteki çimiciler* yaklaşmak için yavaş yavaş. Işınlı dantelalı tosbağa. Üstünde uyur-uyanık altın donanım var gene de, öyle ya uyurgezerdir altın, saçtığı kıvılcımlar denizin içine girince dönüşür ışıklı balıklara. Su dalgalar arasından çıkarır dudaklarını, toprağı yalamak için. Dantelalı tosbağa da, altın yaldızlı, kutsallık dolu, kendi kabuğu içinden izliyor küçük tosbağaları, büyük tosbağaları, dev tosbağaları... Hepsi dizi dizi vurup duruyor birbirine. Vuruyor, vuruyor, vuruyor. Tümüyle soluk alıp veren bir göğüs oluyor ortam."

TOSBAĞALAR: "Ah...ha, Sakallı Barbara! Geceyarısı inildeyedur tosbağa!"

SAKALLI TOSBAĞA: "Bırakın geçeyim, görmek istiyorum genç bayanı; sizler sevgiye körsünüz, yaşlısınız çünkü! Yüzü ne kadar ışıltılı, tıpkı gündüze benziyor."

---

* *çimmek:* Banyo yapmak, yıkanmak. *–çev.*

DANTELALI TOSBAĞA: "Bir ben bilirim, gündüzün ne mene olduğunu! (*Karanlıkta dantelalı tosbağa altın kumları fışkırtan küçücük bir yanardağ gibi ışık saçıyor görür kendini)* Gündüzler erkekler için yapılmıştır..."

SAKALLI TOSBAĞA: "Bu sözünü ettiğin ne ola ki?"

DANTELALI TOSBAĞA: "O mu?.. Erkek... Bir kadındır erkek tıpkı tıpkısına... Tek farkı ise..."

SAKALLI TOSBAĞA: "O bir Tanrı'dır öyleyse... Çünkü ben öyle olsaydım, Tanrı olduğumu duyumsardım."

HUVARAVİKS: "(*Görünmeden*) Ben, Gözcü Türküleri Ustası, gündüzü de görmüşüm, erkeği de."

TOSBAĞALAR: "Ah... ha, Sakallı Tosbağa, bilmek ister misin erkeğin nasıl olduğunu?"

DANTELALI TOSBAĞA: "Ama açıkladım ya. Erkek bir kadındır, gündüzün tüm etkinliklerini taşıyan bir kadın. Başka da bir ayrımı yoktur."

TOSBAĞALAR: "Dalgaların yinelersek söylediğini: Bir ayrım olmalı!"

DANTELALI TOSBAĞA: "Huvaraviks, Gözcü Türküleri Ustası, izin ver de yinelesinler benim kabuklu kız kardeşlerim, denizin yürek vuruşlarının söylediğini, denizin o gökçe yürek vuruşlarının..."

HUVARAVİKS: "(*Görünmeden*) Sakallı Barbara yinelemedi ki..."

SAKALLI TOSBAĞA: "Yine de inanıyorum ben bir ayrım olacağına. Umuttur bir ayrım bulunması erkekle kadın arasında."

TOSBAĞALAR: "Bir ayrım... Bir ayrım bulunmalı!"

SAKALLI TOSBAĞA: "Bırakın beni geçeyim artık, görmek istiyorum genç bayanı. Kadınlar metaldir, pamuk durumunda."

HUVARAVİKS: "(*Görünmeden*) Çok güzel söyledin Sakallı Barbara! (*Sözcüğü sözcüğüne*) Kadınlar metaldir, pamuk durumunda."

TOSBAĞALAR: "Oynayalım! Çıkalım yapmamız gerekenin dışına, nedir ki kabuğu doldurmaktan başka, oynayıp durarak dalgalarla."

DANTELALI TOSBAĞA: Gözlerim kapanıyor, en iyisi uyumak galiba. Kukulkan'la yatan genç bayanı görmek istiyor Sakallı Barbara. Ben istemiyorum... Az mı uğraşmıştım acılarını silmek için, ağacın topraktan sökülüşü gibi içimden söktüğüm aşk sahnesinin."

SAKALLI TOSBAĞA: "Bu böyle ne olmayacak bir ayırma. Sökülen ağacın köklerinde savaşır yaşam, toprak parçacıklarında, yeşil nemle yeşil yelin yürek çarpıntısı topaklarda; toprağın içinde de bakır köklerin parçaları var ayrıca."

HUVARAVİKS: "(*Görünmeden*) Ne ilginç konuşma! Ama başlamalıyım artık görevime. Bak, kayıp gidiyor tuzlu sularda, görmek için çoktan uyumuş talihli âşıkları Sakallı Barbara."

TOSBAĞALAR: "Görevin nedir, Huvaraviks?.."

HUVARAVİKS: "(*Görünmeden*) Türkü söylemek..."

TOSBAĞALAR: "Ya biz kadınlar? Bizim görevimiz?.. Tosbağaların oynamaktır işi... Ama şimdi gideceğiz top oynamaya..."

HUVARAVİKS: "(*Görünmeden*) Görünür olacağım size, okumak için türkülerimi..."

Ateş böceğinin ışığından hafifçe renklenen yarı aydınlık, ayın ışığından önceki ışık, Dantelalı Tosbağanın altın yaldızlı kabuğundan gelen ışıltı, dipte mutlu sevgililerin bedenlerini gösterir ince ince, kara perdenin eteğinde, vahşi hayvan kürkünden yapılma bir yatakta, pumalar, jaguarlar gibi, arada sı-

rada kükreyen. Sakallı Barbara, sakalı bıyığı olan dişi tosbağa, sessizce kayıyor Kukulkan'ın aşk yatağına. Huvaraviks (görünerek) mutlu gözcüler türküleri yakıyor, dalgalar içinde çarpışa çarpışa oynayan tosbağaların arasında.

HUVARAVİKS: "Mürver ağacından yapılan Kös davulunun davulcusu, devlerin çantasından çıkmış. Bavulun dibi toprak, toprağın üstü çamur, çamurun üstü derin su, derin suyun üstü ince su, ince suyun üstü yeşil su, yeşil suyun üstü gökçe su, gökçe suyun üstü günce su, günce suyun üstü evren su!

Mürver ağacından yapılan Kös davulunun davulcusu devlerin çantasından çıkmıştı, ağzı hava kabarcıklarıyla doluydu, yollarda dağıtmak için. Şimdiyse yeniden canlanıyor Balemiciler, tüm yazı geçirip ağaçlara saplanmış gagalarıyla, kımıldamaksızın yerlerinden! İşte böyledir yaz yaşamı Balemicilerin, kupkuru tüysüz-kupkuru yapraksız ağaçlarda!

Mürver ağacından Kös davulunun davulcusu, devlerin çantasından çıkmış, ağaçların yeniden yeşerdiği fırtınanınsa gürlediği çağda. İşte bu çağ Balemicilerin uyandığı çağdır, Balemicilerin uçtuğu çağdır, Balemicilerin uçuşa durduğu çağdır.

Mürver ağacından Kös davulunun davulcusu çıkmıştı devlerin çantasından, ağzı hava kabarcıklarıyla dolu, dağıtmak için yolda balla ve çiğle beslenen o minik kuşcağızlara: kızıl, yeşil, gökçe, sarı, mor, kara... kuşlar. Ama bilmiyordu sevinsin mi ürksün mü, Kös davulundan; kulaklarında şakırken mutluluğu fısıldaşmaların!"

BALEMİCİLER: "(*Yeşil*) Balemici! Balemici! Balemici! Balemici! Balemici!"

HUVARAVİKS: "Kös davulcusu ile Balemiciler ne denli yabancıdırlar Kukulkan'a, dışardan ona dokunmadan, soluğu onun soluğuna yapışmış olan genç bayana..."

BALEMİCİLER: "(*Yeşil*) Balemici! Balemici! Balemici! Balemici!"

HUVARAVİKS: "...soluğu yapışmış soluğuna..."

BALEMİCİLER: "(*Kızıl*) Balem-emici! Balem-emici! Balem-emici!"

HUVARAVİKS: "...soluğu yapışmış soluğuna, kalmamış incelikli devinimleri!"

SAKALLI TOSBAĞA: "Hop! Hop! Sonunda uyanacak o da, balemiciler gibi, fırtına patlayınca..."

HUVARAVİKS: "Kimi gün hayır... kimi gün evet..."

BALEMİCİLER: "(*Kızıl*) Balememici! Balem-emici! Balem-emici!"

BALEMİCİLER: "(*Sarı*) Balemici'nin balı! Balemici'nin balı! Balemici'nin balı! Balemicinin balı!"

BALEMİCİLER: "(*Mor*) Balemici'nin balı-balı! Balemici'nin balı-balı! Balemici'nin balı-balı! Balemici'nin balı-balı!"

BALEMİCİLER: "(*Kara*) Bal-balemici'nin balı-balı! Bal-balemici'nin balı-balı! Bal-balemici'nin balı-balı!"

HUVARAVİKS: "İşte böyle geçirir balemiciler ilkyazı, tüyleriyle canlı ağaçlar arasında çiçeklerle bir arada."

BALEMİCİLER: "(*Mor*) Bal-balemici'nin balı-balı! Bal-balemici'nin balı-balı! Bal-balemicinin balı-balı!"

SAKALLI TOSBAĞA: "Hop! Hop! Neden uyandırmıyorsunuz öyleyse o kızı? Niçin yol veriyorsunuz sonsuza dek yitirmesine incelikli devinimlerini? Koyarsanız onu benim kabuğumun üzerine, alıp kaçırırım onu Balemiciler gibi, uykuya dalan genç bayanların yeniden dirildikleri ülkeye..."

BALEMİCİLER: "(*Kara*) Bal-balemiciler-balemiciler! Bal-balemiciler-balemiciler!"

HUVARAVİKS: "Artık o uyanmayacak, Sakallı Barbara!"

SAKALLI TOSBAĞA: "Hop... hop... hop... hop... hop... hop..!"

HUVARAVİKS: "Sonra onu artık niye uyandırmalı, eğer sonsuza dek kendisinin sandığını koklayarak uyuduysa!"

SAKALLI TOSBAĞA: "Hop... hop... hop... hop... hop... hop..!"

HUVARAVİKS: "Değerli taşların bulunduğu ülkeden kalkan dumanın her doğan günde yükseldiğini göreceğiz, onun incelikli devinimlerini yitirdiği yerden."

SAKALLI TOSBAĞA: "Hop! Hop! Bir gün gelecek Balemici'ye dönüşen genç bayanlar uyanacak mı ola?"

HUVARAVİKS: "Bir gün, evet... Bir gün, hayır..."

SAKALLI TOSBAĞA: "Hop! Hop!.. Balemici genç bayan uyudu Kukulkan ağacında, ama bir gün tınlayacak kulaklarında, ilk fırtınası kış mevsiminin..."

HUVARAVİKS: "Bir gün, hayır... Bir gün evet..."

SAKALLI TOSBAĞA: "Hop! Hop! Huvaraviks. Gözcü Türküleri Ustası, yarasa gübresi incitiyor göz bebeklerimi!"

HUVARAVİKS: "Kukulkan uykuya vardı ateşten bedenini sürttükten sonra mısır tarlasından getirdikleri koçana, kimse de görmeyecek ince eşemselliğini ortaya koyan tüyü, kalkan çamlarının arasında!"

SAKALLI TOSBAĞA: "Hop! Hop! Hop! Huvaraviks, yarasa gübresi incitiyor göz bebeklerimi!"

HUVARAVİKS: "Kukulkan uykuya vardı yaşamın doğduğu yerde; ne o dokunuyor dıştan, ne de boynundaki savaşçı kafalarından yapılma gerdanlığı!"

SAKALLI TOSBAĞA: "Hop! Hop! Huvaraviks, yarasanın gübresi göz bebeklerimi incitiyor, Gözcü Türkülerinin Ustası yaralıyor beni, gözlerimi suyun içinde duyumsuyorum çoktan, tıpkı uçarken bulutlaştığı gibi Balemici'nin gövdesi."

HUVARAVİKS: "Kukulkan dokundurmuyor kendine, benim türküm çarpıyor kanatlarını Saatin Efendisi'nin yüzüne gece iken hâlâ, öyle ya en iyi genç bayanın çağlamasıdır dönüşünce kelebeğe!"

SAKALLI TOSBAĞA: "Hop! Hop! Huvaraviks yarasa gübresi incitiyor göz bebeklerimi!"

HUVARAVİKS: "Kukulkan dokundurmuyor kendine, uyuyakalmış. Benim türkümse bir kırlangıçtır ateşten, yüzeyel değil onun uçuşu, tutuşturmasıdır yalım yalım göğü, incelikli devinimler kuşanmış ağaçların yukarısında. Yolların düğümlendiği yerde, yazıların düğümlendiği yerde, göbek bağlarının düğümlendiği yerde."

SAKALLI TOSBAĞA: "Hop! Hop! Hop! Huvaraviks!"

HUVARAVİKS: "Güller ayağa kalktı, yaprakların eteğinde diken yok, Balemiciler de batıcı sivri gagaları olmadan uçuyorlar."

BALEMİCİLER: "(*Yeşil*) Balemici! Balemici! Balemici! Balemici!"

BALEMİCİLER: "(*Mor*) Bal bal da bal-balemici! Bal bal da bal-balemici!"

SAKALLI TOSBAĞA: "Hop! Hop! Diken gagası olmadan neyle emecek Balemici balı..."

BALEMİCİLER: "(*Sarı*) Bal da Balemici! Bal da Balemici! Bal da Balemici!"

SAKALLI TOSBAĞA: "... Ne acı tatlılığı var bu balın, sivri gagasıyla..."

BALEMİCİLER: "(*Kızıl*) Bal-Balemici! Bal-Balemici! Bal-Balemici!"

SAKALLI TOSBAĞA: "Diken olmadan bal olmaz, dikenle olunca da ne acılı olur o bal!"

Su rengi iki gölge görünür kara perdenin arkasında. Kukulkan'ın kollarında uyuyan genç bayanı tartaklarlar: Fonda tosbağaların sıkıntılı, gürültülü çarpışmaları işitilir.

HUVARAVİKS: "Götürdüler onu! Götürdüler onu! Onu götürdüler de Kukulkan duymadı! Onu taşıdılar devlerin çantasına! Onu tüm kapıların kapalı olduğu kente götürdüler. İçeriden sımsıkı sürgülenmiş kapılar, içinde kurtçukların ve ışıksız kuştüyü yatağın bulunduğu tapınak odalarına kimse giremesin diye! Götürdüler onu, hop... hop... onu götürdüler... ve o Balemiciler gibi uyanmayacak... onu götürdüler... götürdüler onu! Sukabağı gibi uzun yüzünü onun için boyamıştı, onun için taramıştı sipsivri uçlu saçlarını. Savaşçıların kalkanı gibi kızgındı kakao tohumuna benzeyen yüreği, mısır tavası gibi yuvarlaktı sıcaklığı! Kırılgan mor kamışlardan yapılmış bebeklere onun için giysiler giydirmişti taşipliklerle, boynundaysa dokuz altın tel ve gümüşlü badem! Koltukaltlarından gelen eşemsellik kokusu saçılıyordu çok çok uzaklara! Götürdüler onu... götürdüler onu... ışıltılı saçan bakır bir filiz teli ile turkuaz rengi çiçecikler umuttu yatakta!.."

Bir fırtına gürültüsü duyulur. Devinimsiz duran Balemiciler, sevinçten çılgınca uçuşarak yerlerinden oynamaya başlarlar.

İKİNCİ PERDE - SARI
(SABAH)

✵

Sarı perde, sabahın rengi, sabahın sarı renginin büyüsü. Çinçibirin sarılar giyinmiş, maskesiz, sarı perdenin önünde diz çökmüş. Ayağa kalkıp doğuya, batıya, kuzeye, güneye koşar, her bir uca ulaştığında büyük bir referans yapar. Sonra çömelir, sarı perdenin büyüsel ışınımından pek uzaklaşmayıp sarı bir mendil çıkarır cebinden, yuvarlak, dolunay biçiminde, yere serer, sonra da üstüne çemberler biçiminde tohumlar dizer, sarı camdan misketler, bir de tören sırasında çiğneyip küçük mangalda yaktığı kopal parçaları. Kara bir mendilin içinden kopal renginde iki yüz kadar barbunya fasulyesi çıkarıp onları döndürerek bir tanesini parmaklarıyla alıp bir yana koyar. Aşağı yukarı dokuz tepecik yapana dek sürdürür bu işi. Son olarak dolunay biçimi yuvarlak sarı mendilin içinde tek bir barbunya tanesi kalır, bu ürkütür onu, alıp birçok kez gözlerine, saçına, dişlerine sürer, sonra durur. Tek bir fasulyenin sona kalmış olması kötüye işarettir. Birden bir ceset gibi acıklı bir biçimde uzanır. Gene de uzaklaşmaktadır yavaş yavaş bulunduğu yerden, öyle bir an için, dirsekleriyle başıyla sırtıyla ayaklarıyla uzanıp yatan ölü konumunu bozmamak için kendi kendine sürünerek. Ama sonunda sarı perdeye dokununca, tüylerindeki suyu atan hayvan gibi silkinerek atlayıverir bir yandan öte yana.*

ÇİNÇİBİRİN: "Bok böceklerinin dalgın vızıltısı,

---

* *Kopal:* Cila yapmakta kullanılan bir tür reçine. –*çev.*

olgun güneşte yapılan uğur dansı.
Suyun düşsel ışığına dokunulmaz.
Yarınlara?..
Bok böceklerinin dalgın vızıltısı,
Yaz mevsiminin tembel hafifliği,
geç kalmış bir *siesta*, delik delik
kuru ağaca bakma sen, havada
yapılan uğur dansı...
Yapraklarıdır oynayan havada,
bok böceklerinin dalgın vızıltısı."

Kukulkan girer, baştan aşağı sarılar kuşanmış, sarı bir pelerin sırtında, sarı perdenin önüne yerleşir.

KUKULKAN: "Ben güneş gibiyim!"

ÇİNÇİBİRİN: "Benim Efendim!"

KUKULKAN: "Ben güneş gibiyim!"

ÇİNÇİBİRİN: "Büyük Efendim!"

KUKULKAN: "Ben güneş gibiyim!"

ÇİNÇİBİRİN: "Benim büyük Efendim!"

KUKULKAN: "Kızıl çakmak taşı sabahın kutsal taşıdır! Kırmızı Pamuk Ana içimdedir benim, batıda gizlenmiştir, kırmızı *sapota** ile kırmızı boruçiçekleri onundur! Sarı ibikli kızıl hindiler benim hindilerim. Kıpkızıl kızarmış mısırlar benim mısırlarım!"

ÇİNÇİBİRİN: "Büyük Efendim!"

KUKULKAN: "Kara çakmaktaşı benim gece taşımdır! Kapkara burgulu mısır benim mısırımdır! Kara saplı tatlı patates benim patatesimdir. Kara hindiler benim hindilerimdir! Kara gece benim evimdir! Kara fasulye benim fasulyemdir! Kara bakla benim baklamdır!"

ÇİNÇİBİRİN: "Benim Efendim!"

---

* *sapota:* Meksika ile Orta Amerika ormanlarında yetişen, meyvesinden, odunundan, lateksinden yararlanılan ağaç. –*çev.*

KUKULKAN: "Ak kabak kuzey topraklarını sel gibi basıyor! Sarı Çiçek benim kâsemdir. Altın çiçek benim çiçeğimdir!"

GUAKAMAYO: "(*Gizlendiği yerden*) Kuak, kuak, kuak, kuak."

KUKULKAN: "Kara kabak sulamakta görünmeyen tarlaları. Kara zambak benim kâsem! Kara zambak benim zambağım!"

ÇİNÇİBİRİN: "Efendim, benim Efendim, büyük Efendim!"

GUAKAMAYO: "(*Gizlendiği yerden*) Kuak, kuak, akukuak, kuak! Akuak! Akukuak! Akukuak! Akukuak!"

KUKULKAN: "Çok renkli kuşcağız, ne aldanış! Onun ışıltısı kaplamaz tüm gökyüzünü, çünkü yalnızca onun tüylerindeki yeşimlerin, bir de değerli taşların pırıltısıdır o."

ÇİNÇİBİRİN: "O bir yalancıdır, yok edecek bizi! Zehirli yılan salyası onun sesi kulaklara, irinli hastalık bulaştırır göğüslere!"

GUAKAMAYO: "(*Gizlendiği yerden*) Kuak, kuak, kuak, kuak! Akuak!"

ÇİNÇİBİRİN: "Öldürmeli onu! Ak bir gökkuşağı olacaktır cesedi..."

KUKULKAN: "Sesi. Karanlıkları anlatıyor. Tüyleri sanki denizin ve kanın üzerinde altın yaldızlı mısırın karmaşması gibi görünüyor, uzaktan bakınca. Geri gelen alacakaranlığın kâsesindeydi her şey, dağılmış, biçimsizleşmiş. Sessizlik çevreliyordu yaşamı. Sessizlik dayanılmazdı, yaratıcılarsa gökyüzünde var olduklarını göstermek için orada bıraktılar pabuçlarını. Pabuçlarını ya da yankılarını. Ama o Guakamayo yok mu, o da sözcüklerle oynayarak karıştırdı yankıları birbirine, Tanrıların pabuçlarını demek istiyorum... Dillerini ayaklarını birbirine dolandırdı Guakamayo Tanrıların. Karmakarışık edip pabuçlarını, yürüttü onları sol ayakla, sağ ayağın yankısı içinde..."

GUAKAMAYO: "(*Gizlendiği yerden*) Ku-ku-ku-kuak! Ku-ku-kuak!"

KUKULKAN: "Korkunçtu. Kanlar içinde kaldı pabuçlar arasında karışan ayakları Tanrıların!"

ÇİNÇİBİRİN: "Sırık bacaklardır Kukulkan'ın bacakları..."

KUKULKAN: "Büyüyen ağaçlardır benim sırık bacaklarım! (*Kukulkan'ın yüksek sırık bacakları büyümeye başlayınca o kendini daha da yüksek görür.*)

GUAKAMAYO: "(*Gizlendiği yerden*) Ku-ku-ku-kuak! Ku-ku-ku-kuak!"

ÇİNÇİBİRİN: "Bir taş, bir de sapanım elimdeki!"

KUKULKAN: "(*Sırık ayakların büyümeyi sürdürmesiyle yükselerek nerdeyse gözden kaybolmuştur*) Hayır, Guakamayo ölümsüzdür!"

Kukulkan yükseklerde yitip gider. Sırık ayaklardan iri dallar fışkırır. Ağaç olurlar. Çinçibirin sapanıyla havada kalır, gizlenen Guakamayo'ya taşı fırlatmak için.

ÇİNÇİBİRİN: "(*Yuvarlak mendili topladıktan sonra, mercandan nesnelerle fasulyeler*) Çarşı koca bir Guakamayo'ya benzer, herkesin bir ağızdan konuştuğu, herkesin renkli renkli bir şeyler sunduğu, herkesin birbirini aldattığı, süpürge satan, kamış pipo satan, kireç satan, sukabağı satan, meyve satan, balık satan, kuş satan, solucan satan sonra onların arasında perende atıcılar, *çiça* içiciler, yaprak hotozlu tatlı kamış çubuklar sunan seyyar satıcılar, dedelerin sesi gibi yumuşak sesle fısıldayan palmiye hasırı dokumacıları. Ne ki, Ak Davul Dövücüsü bir ileti getirir gelirken."

Ak Davul Dövücüsü, Kukulkan'ın sırık bacaklarından bitip yeşeren ağaçların gölgeliğinde durur. Omzunda taşıdığı yorgana sarılmış bir bohçayı yavaş yavaş yere bırakır.

AK DAVUL DÖVÜCÜSÜ: "Ak ellerim boyalara boyandı hintinciri ağaçlığında! Davullarım incir ağacından tekerleğe benzer! Yamacı Nine'nin dikenli benleri var da, bu yüzden sarınıp gelir ak buluttan örtülere. Gümüştendir onun bilgeliği;

ona danışıp bilir, sesi kulağına değil gönlüne esin verecektir! (*Bohçayı çözüp açar; içinden Liliput ülkesinden gelmişe benzeyen bir yaşlı kadıncağız çıkar)* Yamacı Nine, tohumlarla, dağlarla, hayvan kuş tavşan resimleriyle dolu kolsuz entariler ülkesine hoş geldin; derinliklerden çıkan kafaların geçmesi için gökçe deliği olan upuzun entariler ülkesine hoş geldin! (*Davula vurur)* Hoş geldin, Yamacı Nine! (*Yine davula vurur)*

ÇİNÇİBİRİN: "(*Yaklaşarak*) Bir öğüt ver, ninecik..."

YAMACI NİNE: "Nasıl istersen oğlum; ama önce beni kollarına al, çünkü yere basmasını bilmem ben."

ÇİNÇİBİRİN: "(*Onu kaldırıp yastık gibi taşır)* Nasıl bir kuştur Guakamayo?"

YAMACI NİNE: "Neden soruyorsun şimdi bunu?"

ÇİNÇİBİRİN: "Meraktan, ninecik; burada öyle çok kuş var ki, ayırt etmek güç oluyor."

YAMACI NİNE: "Ne menem şeydir bu Guakamayo? Evet, ayrımlıdır; öyleyse senin sorun da ayrımlıdır."

ÇİMÇİBÎRİN: "Bilmem ki, ninecik..."

YAMACI NİNE: "Başı al boyalı, gagası sarı ve kancalı, giysileri yeşil Guakamayo'lar var; parlak altın tüylü olan var; ateş dili gibi olan, pıhtılaşmış kan rengi olan, kuyruk tüyleri mavi olan, güzel mosmor tüyleri olan..."

AK DAVUL DÖVÜCÜSÜ: "Ak ellerim boyalara boyandı hintinciri ağaçlığında! Davullarım tekerleğe benzer incir ağacından! Yamacı Nine'nin dikenli benleri var da, bu yüzden sarınıp gelir ak buluttan örtülere! Gümüştendir bilgeliği onun, ona danışan bilir sesinin kulağına değil gönlüne esin vereceğini!" (*Davulunu çalar*)

ÇİNÇİBİRİN: "(*Nineciği bir kolundan öbürüne geçirerek*) Seni yüreğime yakın taşıyacağım, bana Guakamayo'ların ölümsüz olduğunu söyleyesin diye?"

YAMACI NİNE: "Ölümsüzdürler!"

ÇİNÇİBİRİN: "Neden ölümsüzdürler?"

YAMACI NİNE: "Çünkü büyüseldir onlar. Ama senin sorun başkaydı, kaçıverdi dilinin ucundan. Başka bir şey vardı bilmek istediğin bu yuvarlak altın rengi kuşlardan."

ÇİNÇİBİRİN: "Senden de bir şey saklanmaz, Yamacı Nine! Guakamayo..."

GUAKAMAYO: "(*Gizlendiği yerden*) Kuak, kuak, kuak! Kuak, kuak, kuak!"

AK DAVUL DÖVÜCÜSÜ: "(*Davuluna hafif hafif vurarak*) Guakamayo'yu ağzına alanın başına yıldırım düşer!"

YAMACI NİNE: "Senin davullarının fırtınasından!"

AK DAVUL DÖVÜCÜSÜ: "Ak ellerim hintincirinin ağaçlığında boyandı boyalara. Davullarım incir ağacından tekerleğe benzer! (*Güçlü güçlü, fırtınalı fırtınalı çalar davulu*)"

GUAKAMAYO: "Kuak, kuak, kuak! (*Girerken hafif bir şimşek çakar. Öfkeyle ayağa fırlar*) Kuarak, kuak! Kuarak kuak!"

ÇİNÇİBİRİN: "(*Davulun gürültüsü kesilip Guakamayo da susunca)* Senin burada bulunman kolaylaştırıyor öğütlenmemizi. Gözcü Türkülerinin Ustası Huvaraviks ile esen yelleri yöneten Ralabal tanık oldular. Şimdi Yamacı Nine hakem olsun bize."

YAMACI NİNE: "Ağzım kupkuru. Zavallı nineye vardır bir tatlı kamışınız artık verecek. İnsan yaşlanınca gırtlağını tıkar yılların öksürüğünün buruşukları. Susuzluktan daha kötüdür bu. Ama biz ihtiyarlar yutkunuruz meme emer gibi..."

AK DAVUL DÖVÜCÜSÜ: "Ben tatlı kamışla çalarım davulumu, şeker kamışıyla, bu nedenle benim fırtınam tatlı yağmurlar getirir. Al, nine..."

ÇİNÇİBİRİN: "Konuşabilir miyiz artık?"

YAMACI NİNE: "Konuşabilirsiniz artık. Kamış ağzıma tatlı yağmur suyu veriyor. Çok güzel, çok güzel. Ne ballımsı öyle, ne de ekşi..."

ÇİNÇİBİRİN: "Kuak, güneş sarayında her şeyin yalan olduğunu söylemektesin, yaşam aldanışıdır duyguların, demektesin, Kukulkan'dan başka bir şey yoktur demektesin, o da geçer durur günden tüne, tünden geceye, geceden güne..."

GUAKAMAYO: "Akukuak; kuak, kuarak!"

AK DAVUL DÖVÜCÜSÜ: "(*Davulların* gümbür*tüsü içinden Guakamayo'nun sesi yükselir)* Önce konuşanı dinlemelisin, Salya!"

YAMACI NİNE: "Ya sen, sustur şu gergin derilerden gelen gümbürtüyü, uyandıracaksın Balemicileri!"

GUAKAMAYO: "Ey yüce nine, bir ilacın var mı diş ağrısına? Ay tutulunca, ya da birini kamış yerken görsem, ağrır dişlerim."

YAMACI NİNE: "Senin tükürüğünden daha çok olmaz ay tutulması, çünkü ay parçalanmıştır senin ağzında; bu nedenle Salya Aynası derler sana. Savaşçılar ölmez, buna inanırsa, besbelli düşüp ölürler uykunun karaltısında. Sonra yeniden çıkar göğüslerinden gökyüzünün sarı yansıması, içinde yıldızların zayıf ateşinde mısır pişirilen yuvarlak tava, işte Tanrıların omletleri. Sarı ya da ak mısırdan yapılan sarı ya da ak omletler: gündüzler; kara mısırdan yapılan kara omletler: geceler. (*Ak Davul Dövücüsü, ninenin sözlerine dikmiş kulaklarını, davul çalmada; nine soluk almak için ara verdiğinde yeniden başlayıp sürdürmededir çalışını)* Aydede, Salya'nın öğüdü Sarı Tüy, Kızıl Tüy, Yeşil Tüy, Mor Tüy, Mavi Tüy..."

ÇİNÇİBİRİN: "Gökkuşağı!"

GUAKAMAYO: "Ben diş ağrısına ilaç istedim, sense işi nerelere götürdün, minik nine!"

AK DAVUL DÖVÜCÜSÜ: "(*Davuluyla Guakamayo'nun sesini boğarak)* Başkalarını konuşturmamayı da iyi beceriyorsun, doğrusu!"

GUAKAMAYO: "Akukuak, kuarak!"

ÇİNÇİBİRİN: "Uyandıracaklar Balemicileri!"

YAMACI NİNE: "Evet, yaz günü şu fırtına ile uyandıracaklar Balemicileri!"

AK DAVUL DÖVÜCÜSÜ: "Direnmiyorum. Onun konuştuğunu işitince kulaklarım yanıyor, ben de o zaman patlatıyorum davullarımla fırtınayı, sular gelsin diye. Yapraklardaki kızarık kulakların tümü duymuştu onun ateş sesini. Yamacı Nine, seni taşımak için bırakacağım davul çalmayı. (*Yamacı Nine'yi Çinçibirin'in kollarından alır)*"

ÇİNÇİBİRİN: "Anlat, nine! Merak ediyoruz sözlerinin sonunu."

YAMACI NİNE: "Salya öğütlemişti Aydede'ye, Tanrıların önünde görünsün diye, hiç uymayarak kısmetine. Hem kendinin hem de tavaların kısmetine. "Haksızlık bu," derler tavalar, kadınların elinde mısırın alkış tutması omlet pişirirken, yanan biziz oysa! Kıpkızıl kızardı Aydede, sonra bölündü parçalara, ama hepsi de döküldü Kara Fasulye Savaşçısının düşlerine gecenin pırıltısıyla, sonra da onun bağrından çıkıp yeniden saçılacaktır ortalığa."

AK DAVUL DÖVÜCÜSÜ: "Savaşçılar ölmez, bağrından yeniden doğar Tavaların Analığı olan Ay! Analık Ay Ana. Kara Fasulya Savaşçısının bağrından gecenin ışımasıyla."

GUAKAMAYO: "(*Alaylı)* Akukuak, başka bir fal anlatmalıydı nine!.. Ne menem nesnedir gökçe sukabağı, kavrulmuş mısırın ekildiği?"

YAMACI NİNE: "Gökyüzü yıldızların ekildiği."

GUAKAMAYO: "(*Ninenin ona alay etme fırsatı veren yanıtından sevinerek)* Ne menem nesnedir gökçe sukabağı, kavrulmuş mısırın ekildiği?"

YAMACI NİNE: "Çoban kulübelerinin çatışması!"

GUAKAMAYO: "(*Açıkça eğlenerek)* Kuak-kuak, kutrak... Ne menem kocakarıdır o, samandan saçları zamanı bekliyor evin kapısında?"

ÇİNÇİBİRİN: "Zahire Ambarı, susar mısın artık?"

AK DAVUL DÖVÜCÜSÜ: "Al şu Nineyi, Çinçibirin, çünkü bu Salya sürdürürse onun bilgeliğiyle alay etmeyi, geçireceğim davulumu gagasına!"

YAMACI NİNE: "Dövüşmek yok! Yorgunum, eve dönmeliyiz, Ak Davul Dövücüsü, ilkyazı ilerletecek gök gürültüsü fırtınayı patlatma daha. Bu kez ışıldayacaktır Ay gökyüzüne, Balemiciler uyanınca."

GUAKAMAYO: "*(Gülerek)* Kuak, kuak, kuak, kuak... Kuak, kuak, kuak, kuak!"

YAMACI NİNE: "*(Ak Davul Dövücünün onu Çinçibirin'e vermeye davranması üzerine boynuna sarılarak)* Hayır, hayır, hayır, artık gitmeliyim, artık gitmeliyiz, daha fazla rezillikler olmadan!"

AK DAVUL DÖVÜCÜSÜ: "Öyleyse, hadi seni sarmalayayım Nine... *(Onu içinde taşındığı yorganların üstüne koyup bohça yapar)* Sen de şükret ki Nine tatsızlık çıksın istemedi, yoksa seni dişsiz bırakıp kurtarmış olacaktım diş ağrılarından."

ÇİNÇİBİRİN: "Dur hele, Ak Davul Dövücüsü, onun hakkından gelen ben olacağım. Ama önce araştırmalıyım, söylediklerinin doğru olup olmadığını! *(Nineden söz ederek)* İyi de böyle bırakıveriyor kendini, böyle büyük bir bilgenin her yeri geziyor olması inanılır şey değil, küçücük bir bulut yığını içinde!"

AK DAVUL DÖVÜCÜSÜ: "*(Bohçayı kapatıp birkaç da düğüm attıktan sonra)* Bu düğüm Kuzey için, ak mısır omleti tutan parmakların ak eli. Bu düğümse Güney için, sarı kabak tutan parmakların sarı eli. Bu düğüm Doğu düğümü, al fasulyaları tutan talihin kızıl eli! Bu düğüm de Batı için, gecenin kara eli. Dört tanedir Gökyüzünün düğümleri, bağlarlar Yamacı Nine'nin bulutçuğunu!"

ÇİNÇİBİRİN: "Yok mudur ağırlığı?"

AK DAVUL DÖVÜCÜSÜ: "Hiç yok! Bir balıkçıl kuşundan daha hafif! Dokun bak, tüy gibi!"

ÇİNÇİBİRİN: "(*Ak Davul Dövücüsü'nün ellerinden tutarak*) Bir oyundur bu, onu yukarı atıp tutarak yürüyüp gidebilirsin yollar boyu! (*Bunu der demez havaya atar bohçayı. Ak Davul Dövücüsü boşuna araya girip çalışır onu önlemeye. Artık olan olmuştur, bohça aşağı inmek yerine sürdürür göğe yükselmeyi, en sonunda da bir bulut gibi durur orta yerde*)

AK DAVUL DÖVÜCÜSÜ: "Çinçibirin! Ne yaptın!.."

ÇİNÇİBİRİN: "Bir bulut olduğunu nerden bileyim!"

AK DAVUL DÖVÜCÜSÜ: "Sana vermemem gerekirdi! (*Ne yapacağını bilemez, bu arada bulut yoluna devam eder, Yamacı Nine'nin içinde olduğu bohçadır bu*)"

GUAKAMAYO: "(*Olup bitenlere sevinerek bayram eder*) Çin-çin-çin-çibirin! Çin-çin-çi-çibi-rin! Çin-çin-çinçibirin! Çinçibirin-çin-çin! Çinçibirin-çin-çin!"

AK DAVUL DÖVÜCÜSÜ: "Davulum! Davulum! (*Kuvvetli bir yel esmeye başlar*)

ÇİNÇİBİRİN: "Nine dövüşmeyin dedi bize! (*Davulunu eline alan Ak Davul Dövücüsü'nü durdurmaya çalışır)* Dövüşmenin zamanı değil... Nineyi nasıl kurtaracağımıza bakmalıyız... bırak... bırak şu davulu... bu kuşlar hep böyledir, değerli taşlarla çokça kuşanmış, dıştan bakınca pek güzel görünüşlü olurlar, ama kapkaradır yürekleri!.."

AK DAVUL DÖVÜCÜSU: "Bırak... bırak ellerimi... tutma davulumu... gökyüzünü gürleteceğim ki yağmur yağsın da kurtaralım onu, sonra şu kötü yürekli Salya'ya biz oluruz gülen, mısır yaprakları arasında!"

İkinci Perde - Kızıl
(Akşam)

✵

Kızıl perde, akşamın rengi, akşamın al renginin büyüsü. Kukulkan dinsel devinimler yaparak sabahın rengi olan sarıdan soyunur. Bir savaşçı bölüğü geçer. Yüzleri kaktüs ağacı, elleri kaktüs ağacı, ayakları kaktüs ağacı. Tümünün tepesinde morumsu tüylerden birer tepelik. Kulaklarında küpe gibi kızıl tüylü kuşlar, ya da ateş çiçekleri. Giysileri, kalkanları, yayları, tumanları, okları... hepsi soluk toprak yanığı renginden öfke saçan kan kırmızısına dek her tonda kızıl. Bitmez tükenmez giriş çıkışlar. Allara bürünmüş Kukulkan akşamın kızıl perdesine karşı yerleşir; o andan sonra kulak tırmalayıcı çığlıklarla savaş ilan edilir. Kızıl savaşçılar, dizlerini büktükleri için, savaşçıdan çok komisyonculara benzerler. Sunular ve karşılıklarla gelişen bir danstır. Ama diz çökme durumunda saldırıya geçerler. Davullar ve deniz kabuğundan borazanlar çalınır.

KORO: "*(Ağır ağır)* Hangi yeraltından fışkırıyor yıkılışın kıvılcımları? Boğucu duman çıkıyor toprağın yaralı göğsünden! Yetmedi mi sana üstümden koklamak beni, sonra da etini gömmek yüreğime! Ne kokusu var yüreğimde? Söyle, susma, *turpial** kuşu gibi, söyle ne kokusu var yüreğimde! Yarın çok geç olacak! Kupkuru olacak kulaklarım... Söyle, ne kokusu var

---

* *turpial*: sarı-kara tüyleri, dişli sivri gagası, ezgisel ötüşü olan bir kuş türü. –*çev.*

yüreğimde, söyle yeryüzü ufkumu kapatmadan önce!.. Okla delinen yüreğim top oynarken delinip kalan taş gibi duracak! Senin etindeki koku ağrı veriyor bana!"

ÇİNÇİBİRİN: "(*Kukulkan ile birlikte dövüşenlerin arasında etkenlikle yer aldığı çarpışmanın orta yerinde duraklar; herkes oklarıyla kızıl perdeye saldırmaktadır)* Savaşçılar, burada ateşe vereceğiz, zafer kazandıktan sonra, altın eşekarılarının kovanını; kanatları güneşten terlemiş, karınları acı balla dolu! Eşekarıları çiçeklerin gözlerini çaldı, çiçek özü dolu ekmekler kör kaldı! Kör! İşte bunun için savaşıyoruz! Altın eşekarıları ışık petekleri için çaldı onların gözlerini. Yüz tavuk, bin tavuk soyunacak tüylerinden. Düşman nerde? Düşmanların üstünde oturup dinleneceğiz..."

KORO: "(*Ağır ağır*) Düşmanların üstünde dinlenecek, şenlik yapacağız. Altı gün önce, yirmi gün önce dosttuk, kendi kokumuzdan vazgeçmeksizin, onların kokusundan da tat alıyorduk. Hava onların saçını getiriyordu bize, hoş kokulu otlar gibi. Onların tükürük köpükleri bizim bitkilerimize dökülüyordu. Onların tütünü sarartıyordu dişlerimizi."

Sarı ok yağmuru sürer kızıl perdenin üstüne. Davullar, tosbağa kabukları, büyüklü küçüklü deniz kabukları, birbirine çarpılan taşlar arttırmaktadır gece çatışmasının yırtıcı gürültüsünü.

KORO: "(*Ağır ağır*) Düşmanın üstünde dinlenilecek, şenlik yapılacak. Altı gün, yirmi gün dost idik biz. Bugünse dinlenmeyi düşünüyoruz üstlerinde. Ya da onlar bizim üzerimizde dinlenecekler kinle dolu. Kalkanlar üzerinde, kesik kafalar üzerinde, ya da düşmanın başsız cesetleri üzerinde dinlenmedikçe olmayacak barış. Bizler, dinleyin ey savaşçılar, dinleyin dövüşen yiğitler... Bizim babalarımız da böyle yaptı. Dört yüz günlük yüzyılda yüz kez dinlendiler çarpışmanın sonunda; kalkanlar, kesik kafalar, bir de düşmanın başsız cesetleri üzerinde!"

Bir ok yağmuru yağar kızıl perdenin üzerine. Savaşçıların tümü aynı anda ok atarlar. Savaşçılara katılan Kukulkan da birlikte ok atar. Davulların, düdüklerin, kabukların, tokuşturulan taşların sağır edici gürültüsüne uyarak oynarlar. Kızıl okların yağmuru savaş ateşini tutuşturur günbatımının al perdesi çevresinde. Yalazlar göğe yükselir. Savaşçılar Kukulkan'ın ardına takılıp giderken, yaklaşıp uzaklaşırlar ateşe. Oklar oklar oklar, sapan taşları, zevk, öfke, inilti, savaş, şenlik, bağırtılar, çığlıklar.

ÇİNÇİBİRİN: "(*Soluğu kesilince durak vererek bağırır*) Savaşçılar, her bireyin savunmasının soluğundadır savaşın kökü. Düşmanın gözüne ya da direnen göğsüne bakarken duyumsananı, keskin çakmak taşı katılığında tadına varılanı güzeldir savunmak. Bakışıyla alır kanımı, bıçağıyla değil. Benim kanım, uçuşumdur benim... (*düşer, yine kalkar*)... ah, ne ağırdır yıkılan savaşçının gövdesi... hayır, hayır, özgür bırakma beni, ölüme bağla ki ayaklarımı ellerimi, geri dönemeyeyim beni çağıran ateşe."

Savaş dansı sürer gider. Birçok ölü, birçok yaralı. Dövüşçüler arkadaşlarının cesetlerinin üstünden atlarlar. Savaş alanında sönünce akşamın son ışığı, son okunu fırlatıp çıkar Kukulkan. Çinçibirin de düşenlerin arasındadır.

ÇİNÇİBİRİN: "(*Soluğu sesine yetmeyerek)* Kanım uçuşumdu benim... yüksekte durmak için içimde uçup duran kuştu o... ah... ne ağır olurmuş yaralı savaşçının gövdesi... o savaşçı ki... o savaşçı ki... ki... içinde kanının uçuşunu yitiren! Hayır... özgür bırakmayın beni, bağlayın ayaklarımdan ellerimden ölüme, dönmemem için beni çağıran ateşe!"

GUAKAMAYO: "(*Suskun girer, cenaze havasında. Gözlerinin üstünde birbirine karışmış üç beş tüy, düşünceli bir anlatım verir yüzüne, görünüşe göre savaşın acıklı sonuçlarını daha iyi görmek için kaldırmıştır kaşlarını. Düşkün savaşçıların arasından geçerek, sanki tümünü tanırmışçasına, sonunda kımıl-*

damadan yatan Çinçibirin'e ulaşır. Soluğunu koklar gibi eğilir, henüz yaşamakta olduğunu anlayınca kanatlarını çırpmaya koyulur.) Vak, vak! Vak vak! Vak, vak! *(Kanatlarını çırparak Çinçibirin'in çevresinde döner)* ...birin, kuak, Çinçibirin, kuak, Rinçinçibirin, kuak, kuak... Çin! Çin! Çin! Çinçibirin. Çin. Çin. Çin. Çinçibirin. Çin. Çin. Çin. Çinçibirin! (*Böyle şakıyıp durarak bir adım ileri bir adım geri atar Çinçibirin'in cesedi çevresinde, sonra birden durup tün perdesinin yakınında yanmakta olan ateşe doğru yürür.*) Çin. Çin. Çin. Çinçibirin. Çin. Çin. Çin. Çinçibirin. Çin. Çin. Çin. Çinçibirin. (*Ateşe varınca, arkasını dönüp saklar açılmış kanatlarıyla)*"

ÇİNÇİBİRİN: "(*Yavaş yavaş kendine gelmektedir. Başını kaldıramaz gibidir.*)

Şimdi üzerimizde dinlenecek düşmanlarımız. Barış yapıp tutsaklığa bağlayacaklar bizimkileri. Karılarımızı, mücevherlerimizi, tüylerimizi, ekinlerimizi! (*Akşamın alacakaranlığında Guakamayo'yu gökkuşağı sanır)* Ah, işte alkım doğuyor, örtüyor kanatlarıyla savaşın ateşini, savaşın külü olmayan ateşini! Bizi öldüren ok olmadan elinde, ayağa kalkıyor! Görüyorum onu, çok renkli kapısının önünden geçtiğini görü yorum, savaşta yaşamını yitiren gölgelerin. Ne ola düşmanlar düşünlerinde? Ne ola düşmanlar yüreklerinde? İşte şimdi dinleniyor onlar. Barış yapıyorlar kalkanlarımız üzerinde, kafalarımız üzerinde, başsız cesetlerimiz üzerinde. Onların sırtında gökkuşağı! (*Guakamayo oynatır kanatlarını)* Yalnızca renkleri değil benim gördüğüm, sinyallerini de alıyorum işte, balıkçıl kuşunun sulu boruçiçeği gökyüzünü anlatmadadır yeni yitiveren bir buluta... (*Guakamayo döner)*"

GUAKAMAYO: "(*Çinçibirin'e doğru kanatlarını silkeler*) Kuak, kuak, kuak!"

ÇİNÇİBİRİN: "(*Kendini toplamaya çalışır, can çekişen birinin çabalaması gibi, sesi zorla çıkar)* Ne istiyorsun? Söyle niye geldin? Sen, aldatmacaların alkımı, sen... Ne acı imiş yenilmek!"

GUAKAMAYO: "(*Kafasını yeniden savaş toprağına atan Çinçibirin'e yaklaşarak*) Tek ve son bir ok için geldim! (*Yanıt vermeyen Çinçibirin'in yanına gelerek patalarıyla okşar onu*) Tek ve son bir ok, aku-kuak!"

ÇİNÇİBİRİN: "(*Tepkime gösterir. Guakamayo duraklayarak ürkmüş geri çekilir*) Yay... okum... okum... ok... ok..."

GUAKAMAYO: "Senin okun Yaí'dir.*"

ÇİNÇİBİRİN: "(*Güçlükle konuşur. Şiddetli tepkimesi onu daha çok yormuştur*) Yaí, sarı Çiçek... tıp... kı... göz... lerim... bende... ku... lak... larım... ben... de... a... yak... larım... ben... de... el... el... le... rim... bende...Yaí, Sarı Çiçek! (*Haykırarak*) Yaí, Sarı Çiçek... (*Yeniden toplar kendini*) Annem kördü, ama onu görürdü geçerken, sevinirdim, sonra ben de görürdüm, onun görmeyen gözleriyle... Yaí, Sarı Çiçek!.. Sarı Çiçek-Sarı Ok, öldürsün diye Guakamayo'yu, şimdi ben gömülmüşken tün karanlığına!"

Uzun süreli bir sessizlik. Guakamayo'nun soluğu duyulur. Birine saldıracakmış gibi havayı gagalar. Yaşlı kuşun bencilliği. Genç ve ışıltılı Yaí girer içeri. Parlak sarılar giyinmiştir. Geçerken gece? çarpışmasında düşen cesetleri gözden geçirir. Kızıl perdenin önünde yanan ateşin yanında durup seslenir ateşe.

YAÍ: "Onlar ki, kulaklarında toprak olan toprağı işitirler. Onlar ki, gözlerinde toprak olan toprağı görürler. Onlar ki, burunlarında toprak olan toprağı koklarlar. Onlar ki, dudaklarında dillerinde toprak olan toprağı tadarlar..."

ÇİNÇİBİRİN: "(*Uzak, sönük, savaşta ölenlerin arasından gelen bir ses*) Yaí, Sarı Çiçek..!"

YAÍ: "(*Tanımadığı birinin adını çağırdığını duyunca şaşarak*) Dövüşten sonra savaşçıların son sözleri savaş alanında

---

* *Yaí:* Tanrılara tütsü olarak sunulan altın renkli çiçek. –*çev.*

gezinir durur. Çarpışmadan sonra, yaşamdan sonra, alevin yanmasından sonra, uçuradururken ateş ak külleri kelebekler gibi..."

ÇİNÇİBİRİN: "Yaí, Sarı Çiçek!"

YAÍ: "*(Tedirginleşerek yitirir dingin görünüşünü)* Dövüşçülerden biri dudaklarında adım varken ölmüş. Benim adım... Kukulkan... Kukulkan mı acaba? Daha çocukken beni sundukları Kukulkan mı? *(Düşen savaşçılar arasında arayıp bulmaya çalışır)* Kukulkan! Göğün ve Yerin Kudretlisi, Üç Renkli Sarayın sahibi. Güneş Sarayının Efendisi... Sabahları sarılar giyerek doğan, akşamları kırmızılar kuşanan, geceleri giyinikken şafağın çıplaklığına bürünen!.."

ÇİNÇİBİRİN: "Yaí, Sarı Çiçek!"

YAÍ: "*(Uyuklar gibi yapan Guakamayo'yu bir kanadından yakalar)* Sendin o! Niye istiyorsun beni? Neden sesleniyorsun bana?"

GUAKAMAYO: "*(Kendini savunarak)* Kuak! Kuak! Kuak!"

YAÍ: "Ölülerin seslendiğine inandırmaya çalışıyorsun beni, vay sahtekâr!"

GUAKAMAYO: "*(Öfkelenerek)* Gagamı bile oynatmadım!"

YAÍ: "Büyük Salya Aynası isterse gagasını oynatmadan da konuşabilir pekâlâ. Az önce karnının tüylerinden çıkan bir sesle seslendin bana. Kuşkusuz uzaklaştırmak istiyordun beni savaşın ateşinden. Külü olmayan o ateşten. Az sonra akşamın kokulu çelengi olacak olan o ateş. Boşu boşuna gagalayıp durduğun o ateş."

ÇİNÇİBİRİN: "Yaí, Sarı Çiçek!"

YAÍ: "Gereğince konuş! Gagan bunun için var... Tüylerinle konuşman korkutuyor, ürpertiyor beni."

GUAKAMAYO: "Akakuak, bu ses çok tanıdık bana. Eskiden aramaya çıkardım seni, düşsel yollarda."

YAÍ: "Şimdi beni aramaya çıkmış işte!.. (*Elleri yüzünde, örtüyor gözlerini. Bu da çağrının şimdi nereden geldiğini görmesini engellemektedir.*)"

ÇİNÇİBİRİN: "Yaí!.."

YAÍ: "Bir ölü mü seslendi benim adımı? İşittin mi, işittin mi? 'Yaí' dedi ölünün biri, Renklerin Oluştuğu Yıldırım?"

GUAKAMAYO: "Ateşle konuşanın adı bu..."

YAÍ: "Bendim, evet, konuşan ateşle!"

GUAKAMAYO: "Ona son bildirimi veriyordum, akukuak: Sarı Çiçek bu gece kudretli Kukulkan'ın yatağını paylaşacak!"

YAÍ: "(*Guakamayo'nun söylediğini doğrulamak için eğilerek*) Ne ise yazgım, görünsün kısmetim..."

GUAKAMAYO: "Kuak, vay bana, akukuak!"

YAÍ: "Bolluk ülkesinde annem babam beni bir çiçek olarak sundular Kukulkan'a, bu yüzden onların toprağından hiç kötü ürün alınmadı, nazar değmedi evlerine. Beş kez açıldı annemin karnı, ben oldum seçilen... Sonra benimle sonsuza dek kapandı annemin karnı."

GUAKAMAYO: "(*Babaca*) Yaí, kuak, vah bana, akukuak, son kez açıldığında senin annenin karnı bir deniz kabuğu oluverdi iki dudaklı, sonra yazgısı yumuşakçalardan olan bir söz kaçıverdi ağzından."

YAÍ: "Ne dediğini anlamıyorum, ama korkutuyor beni; az önce ateşle konuşurken bir ölü seslendi bana... Kukulkan değildi o."

GUAKAMAYO: "Kukulkan değildi, kuak da akukuak; göklerin ve yerin Kudretlisi, seni bekliyor bu gece!.."

YAÍ: "Yoksa o kocam mı olacak?"

GUAKAMAYO: "Yalnızca bir gece şafağa dek Kukulkan'ın Sarı Çiçeği."

YAÍ: "(*Kanatlarının birinden tutup savurarak Guakamayo'yu*) Ne ise yazgım, görünsün kısmetim... Neden şafağa dek?"

GUAKAMAYO: "Çünkü aşk yalnızca bir gece sürer!"

YAÍ: "Ya gündüz?"

GUAKAMAYO: "Ay, kuak da vay akukuak, geceyi güneşle geçiren genç bayan için, gündüz olmaz. Seni sürükleyerek götürecekler göğün ve yerin güçlü Efendisinin yatağından, tanyerinin gülü açmadan önce!"

YAÍ: "Ne ise yazgım, doğsun kısmetim. Yıldızı olacağım gün doğuşunun, bu mudur demek istediğin?"

GUAKAMAYO: "Ay, kuak da vah vah akukuak, nasıl da savunuyorsun kafandaki kurguları! Nehirlerin kolları sürükleyecek seni yatağından, koymak için seni Devlerin Bavuluna."

YAÍ: "Sonra nehir aşağı gideceğim ağaç kütüğünden yapılmış kayıkta, sevgi mısırıyla dolu. Sevgi mısırı Efendimizin konuştuğu dildir. Sonra geçeceğim nehirleri gölleri, sonra ulaşacağım denize, tatlılıkla dolu... Görüyorsun nasıl da işliyor kurgularım!"

GUAKAMAYO: "Gerçekten düş kurmak istiyorsan sere serpe, konuştuğun dilin sarı tüylerini dinle. Bir şimşek çakmasında söylerler sana ne yapacağını, yataklarını doldurmayasın diye. Bugün sen, yarınsa bir başkası sana benzeyen..."

YAÍ: "Bir başkası mı, bana benzeyen?"

GUAKAMAYO: "Bir başkası elbette!"

YAÍ: "Bir başkası mı?"

GUAKAMAYO: "Neden şaşıyorsun? Kukulkan'ın aşkı da sevgisi de geçici, sarayında bulunan her şey gibi."

*Yaí ile Guakamayo alçak sesle konuşarak uzaklaş*ırlar. *Kız düşüncelidir, kuş ise güven verici yumuşak devinimler yapar. Çinçibirin, gördüğü düşten uyanmak istermişçesine, gözlerini uvuşturarak konuşur. Düşlediği Yaí ile Guakamayo'dur. Onlarsa Çinçibirin'in ayrımına bile varmazlar.*

ÇİNÇİBİRİN: "Aldatmacı Gökkuşağı Yaí'ye atacak son oku. Yayı geren de ben olacağım! Ne ise yazılan alnıma, dökülsün yapraklar başıma. İşte o son ok olacaktır bana, uyarsa ağzından çıkana. Sarı Çiçek, dinleme onu. Uyma onun öğütlerine. Sen daha kadın değilken Bolluk Ülkesi'nde tanıdım seni. Sen daha su iken içmiştim seni kana kana. Bir çam gölgesi iken sen daha, uyumuştum senin altında. Bir çamur tavaydın, göz kırpan omleti kızartmaya! Omlet yıldızlardı, eşlik ederlerdi bize evlerde, yollarda... (*Susar ve yeniden devinimsiz kalır*)"

GUAKAMAYO: "Kuak, kuak, kuak, akukuak, kuak!"

YAÍ: "(*Geriye çekilen Guakamayo'nun arkasından gelir, kırıtıp sırıtarak*) Ne yitiririm ki, şu kuşcağızı dinlemekle? Büyük Salya, bırakma beni umutsuzca ekip de kara toprağa! Senin öğütlerini dinliyorum, kötü yürekli olma! Her şeye razıyım, ama razı olamam o başka kadına..."

GUAKAMAYO: "Keşke sen tek olaydın ama ne yazık başkası var. (*Uzaklaşırlar. Yaí yavaş yavaş alaycı havasını yitirerek, Guakamayo'nun söylediklerini düşünmeye başlar.*)"

ÇİNÇİBİRİN: "Yaí, Sarı Çiçek, kulak verme, aldanma, kanma! Üç Renkli Saray sona erecek, çünkü o yalnızca aldanışıdır duyuların. Hiçbir şey var değildir Kukulkan'dan başka... O da geçer günden tüne, tünden geceye, geceden güne, günden tüne..."

GUAKAMAYO: "(*Çinçibirin'e dönüp, yalnız onun işiteceği kadar*) Kuak, kuak, kuak!"

YAÍ: "Ölülerle mi konuşuyorsun?"

GUAKAMAYO: "Evet, öyle... seninle konuşuyorum çünkü."

YAÍ: "Ne korkutucu!"

Guakamayo ile Yaí konuşmayı sürdürürler. Ne söyledikleri işitilmemektedir, ama el kol devinimlerinden kuşun kızı kandırmaya çalıştığı anlaşılmaktadır.

ÇİNÇİBİRİN: "Yaí, Sarı Çiçek, kendini ok gibi kendi sesinin alkımına koyma. Alkım bana dedi: sen yaycı, Yaí ok, ben de gökkuşağının yayı... Zengin tüylü, bol çeneli kuşun seni kandırmasına bırakma. Yalanı süslesen püslesen en değerli taşlarla, gene de yalandır. Duyumsuyorum evimdeki aynaların yüzünün ıslandığını çam dalından!"

YAÍ: "(*Guakamayo'ya*) Pekâlâ! Ama söz vermiyorum senin öğütlerini tutmaya."

GUAKAMAYO: "Nasıl istersen!"

YAÍ: "Tutsam da tutmasam da senin öğüdünü, neyse yazgım o gelecektir başıma."

GUAKAMAYO: "Avucundaki on taş adına, akukuak, benim yeğlediğim, Büyük Salya'nın yeğlediği! Benim tüyden yapılma aynamda, gümüştendir bitlerin sirkesi bile. Seni sıktığımı biliyorum böyle çok konuşmakla, ama ne yapayım duramıyorum konuşmadan. Kadın doğası gibi benim doğam, sözlerle sarmalanmış varlığım."

YAÍ: "Umudumu kırıyorsun! Başımı yiyorsun durmadan. Dıştan değil içten kemiriyorsun belleğimi. Bana söylediğin hiçbir şeyi unutamıyorum, çünkü yedikçe belleğimi, gagalıyorum içerden beynimi. Pire olsa yakalarsın, atarsın, kaşırsın, taşırsın. Ama bellek... Bit dolu baş gibi karadıkça kararır durmadan yinelerse yürek, kahrolası, başka kadın, başka, başka, başka!"

GUAKAMAYO: "(*Patalarından birini geriye çeker. Yaí üstüne basmaya çalışmaktadır*) Kuak, kuak, kuarak, kuak! Kuak, kuak, kuarak, kuak!"

YAÍ: "Seni şimdi kuarak kuak yaparım. Yalnızca o başka kadın değil, başka kadınların hepsi... Çünkü benden sonra gelenlerin hepsi başka kadın olacak. Ama her şey bir aldatmaca. Nişanlım Kukulkan bir yansımadan başka nedir ki, gecenin aynasında. Aşk anında ise gerçekte var olmayan bir gölge yalnızca. (*Hıçkırdığı duyulur*)"

GUAKAMAYO: "(*Yapmacıklı bir derin iç çekişten sonra*) Bilirsin ki, kokuyorsun... kokuyorsun, iki gözlü bir iğneyle dikmek için onu ruhuna. Soluğunun ipliğiyse fitil gibi kalın, kapkara kocaman bir aynada bir görüntünün kopyasıdır tümü ola ola!"

YAÍ: "Sus, akrep çiğneyicisi!"

GUAKAMAYO: "Bilirsin ki kendini feda edeceksin var olmayana, duyularının yarattığı, bir gececik için kollarında. Bir tek bu gece, sonrası yok. Akukuak, çünkü yarın gündoğuşu ala boyandığında, gerçekler her şeyi dökecek ortaya!"

YAÍ: "Hangi deriden yapılmış senin bu yılan dilin?"

GUAKAMAYO: "Fırtına ve gözyaşı ağacının dallarında kurutulmuş timsah derisinden... Keskin kenarlı elmas timsahlarının derisinden! Bilirsin senin elindedir, Yaí, değiştirmek bu yalancı aşkı..."

YAÍ: "Aşk ebedidir!"

GUAKAMAYO: "Ebedidir, ama güneşin sarayında değil. Duygular sarayında değil. Orada sevgi de her şey gibi geçmekte, değişmekte..."

YAÍ: "Dişin yok, ama senin çakmak taşı gibi sert gagan açtı kulaklarımı. Hayır, içine değerli taşlar koymak için değil; hayır, ama söz olmayan sözlerle doldurmak için, aşkın bir aldanış olduğunu anlatan!.."

GUAKAMAYO: "Ah, vah akukuak, bu gece seveceksin bir aldanıştan başkası olmayanı, bir yansıma ürününü. Gerçekte salgılanan içsalgılar daha alçak bir düzeydeyse, tapınılası bir imge!"

YAÍ: "Bir kursak dolusu renk var sende. Beni yürek biçimi bir testiye hapsettin. Yıldızlardan geliyor ışık, duyulmuyor yüreğin çırpıntısı, titreştiği seçiliyor uzaklardan... Sevilenin imgesini birleştirmelidir gövdesiyle!"

GUAKAMAYO: "Bunu başarmak için kaçmalısın seni Güçlü Kukulkan'ın yatağında bekleyen ölümden."

YAÍ: "Nasıl olacak söyle bana..."

GUAKAMAYO: "Senin elinde bu."

YAÍ: "(*Ellerine bakar)* Elimde mi?"

GUAKAMAYO: "Evet, elinde..."

YAÍ: "Boğazlamam mı gerekecek onu? (*Kukulkan'ın boğazını sıkar gibi yapar)* Boğuşmam mı gerekecek karayılanla?"

GUAKAMAYO: "Bir imge ile boğuşacaksın."

YAÍ: "Nasıl boğuşacak ellerim aynadaki bir imge ile?"

GUAKAMAYO: "Aç ellerini! (*Yaí ellerini açar*) Aldığın soluğun altına koy, akıttığın salyanın altına koy, konuştuğun sözlerin altına koy..."

YAÍ: "(*Avuçları Guakamayo'nun gagası altına gelir gelmez çeker ellerini)* Beni soluğunla yaktın kavurdun, ateş kuşu. Tıpkı *çiçikaste** gibi daladın beni. (*Elleri kapalı, soğuktan titreyerek)* Ah, ne yaptın bana? Ne kötü ateşmiş içindeki... ne... ne (*hıçkırmak üzere*) üf... üf... üfleyen bile yok... (*üflemek için ellerini açar*)... Uyy, uy uy, uyuy... (*çığlık atar)*... Ayna iki tane!.. (*Ellerini silkeler. Yanığın acısı geçmiştir, ama ellerinde eldiven gibi yapışık kalan aynaları atmak ister.*) Ayna iki tane! Bunda da kendimi görüyorum, öbüründe de, (*ellerini sırayla yüzüne tutarak*), buradakinde de, buradakinde de... işte bu öbürü... kendimi görüyorum burada da, burada da, burada da... (*Bir yandan öte yana koşar, sıkılmış bir çeneyle güler, bir sinir bunalımına kapılarak silkeler durur ellerini, bir birini bir ötekini; güler, güler, güler...*)

---

* *çiçikaste:* Amerika kıtasına özgü bir tür ısırgan. –*çev.*

İKİNCİ PERDE - KARA (GECE)

Kara perde, gecenin rengi, gece rengi olan karanın büyüsü. Kara perdenin eteğinde, ürkütücü bir uykuda görünen puma ile jaguar kürkleri üstünde Kukulkan'ın yatağı boş.

SAKALLI TOSBAĞA: "Ağ gibi örülmüş kökler, içinde aşk bekler uyumadan, derinliklerde nabzı atan özsuyun. En güzel uçuşuyla gezinen kuşun yavaşlığı. Bana bilgelik vermeyin, büyü verin! Kanat vermeyin, kanadın uçtuğu uçuşu verin!"

TOSBAĞALAR: "Bana aşk vermeyin, büyü verin! Özsuyu vermeyin, özsuyunun beslediği beslenmeyi verin!"

DANTELALI TOSBAĞA: "Aşk uyumadan bekler yaralarının arkasında. Tanrılarsa yıldızların bezemesi arkasında. Bana bilgelik vermeyin, büyü verin! Kan vermeyin, kanın beslediği canı verin!"

TOSBAĞALAR: "Bana aşk vermeyin, büyü verin. Kan vermeyin, beslediği canı verin!"

SAKALLI TOSBAĞA: "Aşk uyumadan bekler kirpiklerinin arkasında. Yıldız kuyruğunun dumanı. Göğü aydınlatan oklu ıstakoz... Bana bilgelik vermeyin, büyü verin. Uyku vermeyin, uykunun uyutuşunu verin."

TOSBAĞALAR: "Aşk vermeyin bana, büyü verin. Uyku vermeyin, uykunun uyutuşunu verin.

Yaí'nin tutamadığı neşeli gülüşü ile öfkesini gizleyemeyen Guakamayo'nun söylenip durması duyulur. Tosbağalar ortadan çekilirler, Yaí ile Guakamayo girerlerken onlar toz olur. Elinde tüylerle suyu imbikten geçiren Guakamayo'nun arkasında yarı karanlık giysili Yaí gözükür.

YAÍ: "Ha, ha, ha, ha... Ha, ha, ha, ha!"

GUAKAMAYO: "(*Yarı topal, kanatlarını, titreterek,*) Kuarak, kuak, kuarak, kuak kuak, kuarak kuak kuak!"

YAÍ: "Ha, ha, ha, ha... Ha, ha, ha, ha... Ha, ha, ha, ha..."

GUAKAMAYO: "Bana su atman kötü oldu."

YAÍ: "Kırmızı tüylü bir yangın gözüktü gözüme... Ha, ha, ha, ha... Beni kovalayan bir ateş topu. Ha, ha, ha, ha!"

GUAKAMAYO: "Bazen yanıyorum sanırlar, ama ben hi-hi-hi-hi-hiç yanmam. Kekeme oldum artık..."

YAÍ: "Ben ne bileyim. Düşündüm, asıl yangını söndürürsem, elimdeki aynaları da söndürebilirim gibi geldi bana. Sonra... (*ona su atarken yaptığı devinimi yapar*)... Ha, ha, ha, ha..."

GUAKAMAYO: "Sanki avcundaki aynaların sırçaları döküldü yüzüme, küçük ışık zerreleri gibi..."

YAÍ: "Ha, ha, ha, ha..."

GUAKAMAYO: "Ama sipsivri tırmalamalar vardı havada. Öyle bir şey ki, bir yansıma olamazdı o..."

YAÍ: "Suydu su... Ha, ha, ha..."

GUAKAMAYO: "Yıkanmıştım..."

YAÍ: "Bağışla, ama görmedim gördüğümden başkasını: bir yangın, alevler, alevler... sarı alevler, kızıl alevler... Sonra daha başka mavi alevler ortasında sen, tıpkı bir yanardağın tüten dumanı gibi..."

GUAKAMAYO: "(*Biraz duraksayıp, üzgün bir sesle)* Ya soğuk algınlığı olursam, kim iyileştirecek beni?"

YAÍ: "Ha, ha, ha... ben, hele başlasın burnundan kurtçuklar dökülmeye!"

GUAKAMAYO: "Akukuak, giysilerini süslemek isterdim kelebek kanatlarıyla. Süslemek demek sevmek demektir. Guakamayo'ların burnundan akan kurtçuklar kelebek olur daha sonra."

YAÍ: "Ateşböceklerinin şimşekler çakan körlüğü de Guakamayo'ların burnundan akar."

GUAKAMAYO: "Evet, o da doğru. Ama senin ellerindeki aynalar ateşböceği macunu değil, ateşin soluğudur, kurtarmaya yarar senin düşlerini, senin dünyanı, senin çayırlarını, senin çıtkırıldım bitkinin terini."

Yaí uzun uzun gözden geçirir ellerini. Guakamayo sürdüredurur su arıtmayı. Arkadan tosbağalar sökün eder.

SAKALLI TOSBAĞA: "Dikenlerle korkular eşlik eder, o senin yazgınla sürüklenenlere. Kemik iliğine bulanmış, uyuşuk, dalgın... kapkara sonsuzluğun şu küçük sarhoşlarının çi-çi-çi deyişini işitip gözyaşlarıyla ıslanır kulakları... tuzdan geçirilmiş gözlerinden pişirilen yiyeceğin kuşları diye adlandırılanlar."

YAÍ: "Nereye, ama nereye koyacağım beni böyle ısırgan gibi dalayan bu elleri? Kendimi görüyorum bunda da, bunda da, burada da ben varım burada da, bu elde de öteki elde de... İkisinde de kendimi görmekteyim! Onlara bakıp da kendimi görünce ferahlamaktayım."

DANTELALI TOSBAĞA: "Açılan fallar, sapanla atılan taşlar eşlik eder, kendini yazgıya bırakanlara. Ben baba, ben ana; beni sürüyüp götürsünler evladıma! O timsah, o suyun yeşil bitkiselliği... saplandı çamura. Ayırmasınlar diye onu o zümrüt yuvasından. Gözlerini de kapamadıydı o, gölgenin vurmasından çekinerek."

YAÍ: "Benim ağıtımın akan yaşı olan aynalı ellerimle pişireceğim kara mısır omletini, beslemek için bencileyin kendini aynaların aldatışına koyuverenleri."

TOSBAĞALAR: "Ben baba, ben ana; beni götürsünler evladıma. Sürüyüp götürsünler beni toprağımdan uzaklara. Ayrıldım kendi kanımdan. Kendi kökümden koparıldım, kulak verdiğim için aldanışlara. Sayacak denli bulmuşum kafayı, altın kırkayağın sayısız ayaklarını. Ama sonunda sayamaz oldum gözyaşlarımı..."

SAKALLI TOSBAĞA: "Ben işitiyorum sıcağın sulandığını kumlarda, köpüğün sevinci kulağı köpüklü salyangozlarda, nereye gidersem gideyim kesik kara uçlu memesi orda, memesi nerdeyse senin esmer portakal göğsün de orda, göğsün nerdeyse yüreğin orda, yüreğin nerdeyse evladımın evi işte orda! Evladım sana dedi ki: Ben senin kurdunum*, uğrumda iki kat kalınlaşacak senin ağaçsal belin, süt yemişi gibi sarkacak memelerin, uğrumda güleceksin uykularında, ağlayacaksın uyanıklıkta, düşüncelerin yükselecek bulutlara, hafifleyecek yaşamın, yanıma gelmek isteyeceksin, bu istek anlam verecek anlamsız yaşamına."

GUAKAMAYO: "Ellerinle oynamaktan usanacak, düşeceksin umutsuzluğa. Koy onları soluğun ılık buğusuna."

YAÍ: "Yalnız onda esenlik buluyorum..."

GUAKAMAYO: "Sanki senin yokluğundur onlar..."

YAÍ: "Söylediğin tek gerçek bu mu! Çulsuz papağan sen de..."

GUAKAMAYO: "Papağan deme bana!"

YAÍ: "Seni şenlikler sırasında sulanan çamlara benzettim yemyeşil, dökülmüş iğneleri."

GUAKAMAYO: "Şenliğe çevirmekteyiz zamanı. Bir gece ise bir geceden fazla sürmez."

YAÍ: "Ellerim yokluğuma benziyor. Kendimden geçiyorum, kendimden çıkıyorum, kendimden kaçıyorum. Uzaklaşıyorum düşündüğümden, duyduğumdan, yaptığımdan. Çoğalmak için kendi boş kopyalarımda. Tıpatıp ben olan kendi kendimin ben

---

* kurt: Buğday biti, ekin biti; kurtçuk anlamında. –*çev.*

olmayan imgesel yansımalarına... Birçok yansıma! Ne çok yansıma! (*Ellerindeki aynalarda kendine bakarak*) Yüzü gülüyor işte. Yüzü ciddi. Yüzü ağlamaklı. Yüzü düşünceli, yüzü boşvermişçe tüm olanlara!"

GUAKAMAYO: "Dikkat et çıldırmak üzeresin! Koy şu aynaları ciğerlerinden çıkan sabah buğusunun altına da, işe yarasın!"

RALABAL: "(*Görünmeden*) Ben, Ralabal, rüzgarların yöneticisi, göllerin üstüne yığılarak sabahı eden bulutları yerinden oynatmaksızın atıyorum kıyılara kendimi. Ben, Ralabal, ben, been... beeen... toprak çıldırırdı, örtemeseydi ciğerlerinden gelen solumayla ellerindeki aynaları."

YAÍ: "Neyim ben, gülünen, ağlanan, düşlenen bir yüz kımıltısından başka? Bir yüz buruşmasından başka hiçbir şey değilim ben! Ellerimin aynasında görülen yüz buruşmaları, mimikler. Aldanmasını, aldatmasını öğrenmeden önceki talihli mimikleri bir kadının. Sendeki renklerin dokusu deldi kulaklarının içini kurtçuklar sarsın diye. Tıpkı kelebeklerin çıktığı burun akıntıları gibi!"

GUAKAMAYO: "Bir geceden fazla sürmez, bir gece. Örtmelisin ellerindeki aynaları aldığı soluğun derisiyle. Bilmelisin fazla gecikmeden kurtulmak için ne yapman gerektiğini, ama yok dinlemezsen bu açıklamayı... İçindeysen bu çılgınlığın..."

YAÍ: "Konuşsana bana yokluğun garip dilinden. Benim varlığımsa bir yansımadır yalnızca."

HUVARAVİKS: "(*Göze görünmeden*) Ben, Huvaraviks, Gözcü Türkülerinin Ustası. Hafifletiyorum ayaklarımı uyandırmamak için bulutları, taşın evindeki gözyaşlarının üzerine yığılarak sabahı eden! Çıldırırdı burada yaşayan boylar, örtemeseydi göllerdeki ağlayışlarının yansımasını mangalın dumanıyla."

YAÍ: "Konuş bana Salya'nın garip dilinden. Boyların ağıtı ellerindeki aynadan yansımakta."

GUAKAMAYO: "Aynalar diyarı! Üfle göllerine de örtülsünler sislerle buğularla."

YAÍ: "Üflüyorum yalarcasına onları... (*Üfler üflemez elleri kalakalır felç olmuş gibi)*... Benim soluğumdu o!.. Ah, tansık bu... Soluğumun tansığı olmalı... Sildiler benden kargışlı aynaları... Bu bir bulut incecik zar gibi kumaşa dönüşmüş..."

GUAKAMAYO: "En ince aldanışın derisi çıktı kadınsı ağzından senin."

YAÍ: "Her şeye karşın kötü değilsin sen..."

GUAKAMAYO: "Şimdiyse saklamaktasın salyamı, sözcüklerimi kadınsı soluğunun altında..."

YAÍ: "Gidebilirsin artık..."

GUAKAMAYO: "Yok, Sarı Çiçek, gitmem, önce sana söylemeden yapman gerekeni... Kurtarmak için bu hiçbir yere ulaştırmayan düşsel gece ile gündüz zincirinden dünyayı..."

YAÍ: "Gerçekten inanıyor musun buna?"

GUAKAMAYO: "Gündüzler geceler ulaştırmaz hiçbir yere... Gündüzler geceler, gündüzler geceler... Pis kokulu kuş kanıyla karışmış tanrıların telaşesi, tırnaklarını kesip, sıra sıra yarımayları büyücü karılara atan konuşmaz tanrılar, insanları erişilmez köklerin içine dolayıp dolaştırmak için yapılmış sıyrık açma ya da dövme yapma araçları, kabuk bağlamış eski yaralar..."

YAÍ: "Şimdi anımsıyorum, işte, onu geçerken gördüğümü düşümde. Diyordu ki: '...seni tanıdım; sen daha kadın bile değilken, Bolluk Diyarı'nda su iken, seninle gidermiştim susuzluğumu. Sen daha çam dalı gölgesi iken uyuyordum sende. Sen daha çömlek toprağı iken titreşen omletler pişirmek için...'"

GUAKAMAYO: "(*Aksırarak)* Karanlık burun akıntısı!"

YAÍ: "Şimdi anımsıyorum onu düşümde geçerken gördüğümü, '...annem kördü,' diyordu, ama o senin geçtiğini görürdü benim sevincimden; ben de onun seni görmeyen gözlerinden görürdüm seni...'"

GUAKAMAYO: "Anımsar mısın Sarı Savaşçıyı?.."

YAÍ: "Kukulkan'ı mı? Karısı olacağı şafağa dek."

GUAKAMAYO: "Hayır. (*Yeniden aksırır*) Sarı Savaşçı giriyor araya. O seni bu hiçbir yere ulaştırmayan Gün-Gece zincirinden daha çok seviyor. O senin ne tür ne biçim olduğunu bile bilmeden tapmakta sana; çünkü o seni sen Bolluk Ülkesi'nde bir çiçekken tanıyor."

YAÍ: "Biz kadınlar gündüz çiçek oluruz, gece kadın. Bu yüzden Sarı Savaşçı sarı bir çiçekken görmüş olmalı beni."

GUAKAMAYO: "Böyle geçeduran her şey sonra da..."

YAÍ: "Senin burun akıntına varana dek!"

GUAKAMAYO: "Benim burnumun akıntısı, hepsi de gemileridir yazılmış yazgının. Bu gece sen Kukulkan'ın elinden kaçıp seni gönlünde taşıyan Sarı Savaşçıya gidesin diye! O gördü seni, kör olan annesi seni sevincinde gördüğünden beri. Senden başka kim için taşısın ki bu Sarı Savaşçı adını?"

YAÍ: "Güçlü müdür?"

GUAKAMAYO: "Bir kez sırtını dayamıştı da ırmağın akıntısına, yüz kadın yüz günde yıkasın diye onun giysilerini, titremedi bir tek gün bile yerinden... Senin o gök gürültüsü çiçekleriyle süslü entarini yıkamaya geldiğin günün dışında."

YAÍ: "Yemin edebilirdim inan, garip olaylar olduğuna, şimdi anlıyorum nedenini, o gün bacaklarım sürüklüyordu beni nehre, hava kabarcıklarının etine doğru uzanarak, belimden aşağı iki kocaman el okşamaktaydı beni, taştan sudan havadan, bir de o yanık kokulu otlardan yapılmış iki kocaman el."

GUAKAMAYO: "Sarı Savaşçı gönlünde taşıyor seni."

YAÍ: "Elimden düşürmüştüm taşıdığım paçavrayı, bilmem ki gök gürültüsü-çiçekli entarim miydi o? Sonra kıyıda buluverdim kendimi, daha önce hiç duymadığım tat veren bir acıyla titriyordum. Duyumsuyordum o acıyı sert memelerimde, ince bacaklarımda, terden ıslanmış saçlarımda, dudaklarımda... Kim bilebilir ki, gerçek aşkın ne olduğunu?"

GUAKAMAYO: "Akukak, vakit yaklaşıyor."

YAÍ: "Sarı Savaşçı taşıyor mu gönlünde beni?"

GUAKAMAYO: "Evet, Sarı Çiçek, Sarı Savaşçı seni gönlünde taşıyor."

YAÍ: "Söyle bana, ne yapayım şimdi? Neydi diyordun adı?"

GUAKAMAYO: "Çinçibirin..."

YAÍ: "Soluğumun derisi altında, senin sesinin yansıması saklanıyor avuçlarımda."

GUAKAMAYO: "İşte tut böyle yansımamı, senin kadınsı soluğunu sıcak ve hoş kokulu derinin altında..."

YAÍ: "Aldanışın derisi, akukuak..."

GUAKAMAYO: "Kadınsın sen. Sözlere bürünmüş bir sözdür bu, aldanışa bürünmüş bir aldanış. Sen ise kadın olarak kollamak istiyorsun düşlerini, kurgularını..."

YAÍ: "Sen benim için düşün, bense artık Göğün ve Yerin Güçlüsü ile yapacaklarımı düşünebiliyorum yalnızca. Onun aşkı tek gecelik. O uyumakta olacak beni onun yatağından alıp götürmeye geldiklerinde, atmak için beni o Devlerin Bavuluna."

GUAKAMAYO: "Başardım işte sana anlatmayı, bu büyük Efendiye karşı olan nefretimi. Tiran ve bencil, Üç renkli Sarayın sahibi... içinden geçedurduğumuz günden tüne, tünden geceye, geceden güne... yürütebilmek için zamanı."

YAÍ: "Söyle, ne yapmalıyım şimdi söyle? Sarı Savaşçı taşıyorsa beni gönlünde."

GUAKAMAYO: "Kukulkan gelince, nerdeyse gelir, Sarı Çiçeği koklamak için eğilecek kibarca, kokusunu daha iyi alsın diye. Kadın kokusu esritir erkeği; belinden tutar taşımak için onu gerdek yatağına, söylemek için aşk sözleri kulağına. Sarı

Çiçek de okşayacak Kukulkan'ı hafifçe dokunarak saçlarına. Parlayana dek ayna gibi başı, bakarken ona."

Uzaktan kamış kaval ve deniz kabuğu tınıları duyulur. Yaí ile Guakamayo çekilmeye başlarlar. Ezgi yaklaşmakta, ara sıra da şenlik sesleriyle kesilmektedir.

YAÍ: "Senin aynasal salyanı sürmeliyim onun saçlarına..."

GUAKAMAYO: "(*Çıkarken*) Şu büyülü sözleri de okumalısın aynı zamanda.

Yaí ile Guakamayo çıkarlar. Kukulkan görünür; soyunmaktadır. Maskesi elinden düşer, sonra kutsal sadağı, tumanı, al giysileri. Birinci kara perdedeki ayin sahneleri yinelenir: giydirip süsleyen kadınlar, içki sunan yaşlı kadınlar, ateşi yakanlar, dans ederek çiçekle bezenmiş parmaklıkları getirenler. Bu tören bittikten sonra Kukulkan yalnız kalınca Yaí girer. Diz çöker.

YAÍ: "Efendim, benim Efendim, büyük Efendim! (*Kukulkan yaklaşır, onu kaldırır göğsüne çeker, koklar*)... İki gözlü dikiş iğnesini duyumsuyorum tenimde. Düşüncelerimin alınganlığı mıdır nedir üzerimde!"

KUKULKAN: "Talih sularının dişlerimin kıyısında suladığı oyuklar gibi kokuyorsun. Bir yürek çırpıntısı merdiveni tırmanıyor ayaklarımın ucundan başımın tepesine; tırmanasın diye birlikte sen de meyvelerin, çiçeklerin, tohumların, bir de beş duyunun beş tohumunun açıladurduğu dallara."

YAÍ: "Senin sözlerin de, o çakmaktaşı dişlerin de, hepsi eski. Vah o kadına ki, bulamaz sevdiceğini bin yıllarca önce, tıpkı güzel bir meşe ağacı gibi... Atalarım daha doğmuyordu bile, ama sen gölge veriyordun çoktan. Beni bir su gibi sevmelisin sessizce, depderin, dupduru, duyumsayabilmem için ben kendimi hem senin içinde hem dışında, iki anlamda!"

KUKULKAN: "Benimsin hem kişiliğinle, hem dış varlığınla."

YAÍ: "(*Onu belinden sarıp götürmekteyken yatağa*) Ey Efendi, günden tüne, tünden geceye, geceden güne geçen sen!"

KUKULKAN: "Sen benimsin hem içimde hem dışımda, ben de senin hem dışında hem içinde."

YAÍ: "Efendimin görüntüsü benim özümle var, bu beni hüzünlendiriyor, gerçek aşk böyle olmaz, (*yatağın kenarına otururlar*) Efendimin ise özüyle değil de, yalnızca görüntüsüyle olduğumu düşünmek bile dikenli terler döktürüyor bana."

KUKULKAN: "Fakat, Sarı Dikenlerin Teri bilmez ki, ışığı tatlı bir uzaklıktır gelir bana, anımsatarak gökyüzünün parça parça olan çömleğini."

YAÍ: "Demek, Efendim seviniyor, benim dikenli ucumun tatlı uzaklıkta olmasına. Sonra da Ay geri döndüğünde..."

KUKULKAN: "Döküldü parçaları bir savaşçının gururlu yüreğine."

YAÍ: "Yusyuvarlak mı görünecek, kendi öz biçiminde?"

KUKULKAN: "Ne denli güçlüdür Savaşçı, kalkanları yuvarlaklaştırmakta! Güçlük çekecek, gene de, Ay'ın parçalarını birbirleriyle evlendirmekte, yaklaşsın diye yusyuvarlaklığına olabildiğince. Bir söylencedir..."

YAÍ: "Öyleyse doğru değil mi Sarı Savaşçının..?"

KUKULKAN: "Yaí, böylesi iyi görünen bir yürek!"

YAÍ: "Doğru değil mi öyleyse Sarı Savaşçı'nın Ay'ı yüreğinde sakladığı?"

KUKULKAN: "Bir söylencedir..."

YAÍ: "Üç renkli Yuvarlak Sarayda var olan her şey gibi. O Güneş Sarayı'nda her şey yalan, her şey söylence. Hiçbir şey gerçek değil, hiçbir şey. Bizi taşıyıp duran o Büyük Efendi'den başka, geçedurur günden türe, tünden geceye, geceden güne... (*Kukulkan başını Yaí'nin kucağına atar, söylediklerinden yorulmuşçasına. Yaí de okşamaya başlar onun aslanlaşan saçlarını.*) Söyle bana ey Göğün ve Yerin Efendisi, nedir sonu bu sürekli geçişin gündüz gece, gündüz gece, gündüz gece... Hiç bir sonucu yok ki. Gerçekte var olmayan bir devinim duygusu veriyor yalnızca, çünkü tek devinen varsa o da sensin. Gerçek olmayan sanrısal bir yaşam, bize bırakılmamış bir kalıt... Öyle ya: biz bizi düşleyenlerin soyundanız, bedenli düşleriz, hepsi bu... (*Yaí'nin okşamakta olduğu Kukulkan'ın saçları,* ateşböceğinin *ışığıyla ışıldamaya başlar.*) Benim tatlı uzaklıktaki dikenimin ucu, bilmek isterim, kimdir benim düşleyenim?

KUKULKAN: "Ey kollarımda şakımakta olan sevgili, işte o seni düşleyen benim."

YAÍ: "Her kimse uyansın artık o, silkinmek istiyorum şu an varlığımdan, duyularım aldanışın çok uzağında."

KUKULKAN: "Ey kollarımda şakıyaduran sevgili! Her kimse uyanmasın asla, yok ben değilsem düşleyen seni. Süredursun rüyaları, sen benim yanımda bulundukça!"

YAÍ: "Ah, Efendim, beni canlı tutan hem kendi kendinin içindedir hem de benim özümün içinde, rüyasında. Öyle ki uyanıverecek gün doğuşunda!"

KUKULKAN: "Benim o seni canlı tutan kollarımda, yaşatan rüyalarımda."

YAÍ: "Uyanacaksın bu aşk rüyasından sen sonunda. Ben senin yaratığınsam, sen yaratmışsan beni, senin düşlerinin yaratmasıysam, uyanacaksın sen gün ağarınca, işte o zaman kaplayacak gölgeden bir örtü Sarı Dikenlerin Teri'nin üstünü."

KUKULKAN: "Kavrayabilmiş değilim ne dediğini; ama renk balına dönüşen değerli taşların siteminin tadı var bunda. Bense yapışmışım senin kaburgana, tıpkı o sinek gibi yapışan zümrütün, ebegümecinin soluk tatlılığına. Senin sırtın şeker incilerinin doğusallığını veriyor bana, bacakların yüceltiyor beni savaşçıların yakutlarından yıldız kümelerinin yatak odasına. Memelerinin gökçeye çalan biçimi, yuvarlanarak sevecen kaplarında, ellerinin yeşimselliğinin tazeliği altında..."

YAÍ: "Silinmek istiyorum senin varlığından gün doğuşundan önce. Beni sevdiğini düşlemekte olan sen de artık uyansana. İstiyorum bir aldanış oluvermek kollarında! (*Ara verir*) Neden ki beslemektesin ölümü? Neden paylaştırmıyorsun duygularını?"

KUKULKAN: "(*Ayağa kalkar, yeşilimtırak bir gülüşle ışıldamaktadır saçlarıyla dişleri*) Ben güneş gibiyim... Ben güneş gibiyim... Ben güneş gibiyim..."

YAÍ: "(*Kukulkan'ı ışıldayan saçlarıyla görünce şaşırır. Ellerine bakar. Elleri yapışan aynalardan arınmıştır. Telaşla yerinden kalkarak*) Evet, ama Sarı Çiçek için Kukulkan güneş değildir ki yalnızca, güneşten öte bir şeydir o, günebakandır o..."

KUKULKAN: "(*'Günebakan' sözcüğünü işitince, sema yapan mevlevi dervişleri* gibi dönmeye başlar*)

Güntaşına eş, güneş güneş!
Kim önce? Güntaşı,** yoksa güneş?"

YAÍ: "(*Karşıt yöne dönerek:*)
Kukulkan gündüz de, gece de
Altın dorukta gökçe dönence!"

KUKULKAN: "(*Dönmesini sürdürerek*)
Güntaşına eş, güneş güneş,
Güneşin düşünde başka güneş!"

YAÍ: "(*Karşıt yöne dönmeyi sürdürerek*)
Çiçek olarak doğan denizyıldızı,
Dikenli kirpinin iğnedenliği."

KUKULKAN: "(*Dönmesini sürdürerek*) Ateşböcekleri renk oyunu oynamaktalar, öyleyse yanardöner*** bir güntaşıdır o."

YAÍ: "(*Ters yönde dönmeyi sürdürerek:*) Gökkuşağının düzenindeki yedi ses, öyleyse yanardöner olan Kukulkan'dır."

KUKULKAN: "(*Dönmesini sürdürerek:*)

---

* *derviche(s) turnante(s):* Burada, yazarın –belki bilmeyerek– Doğu kültüründen de etkilendiği açıkça görülüyor. –*çev.*

** *güntaşı*: Güntaşı, aynüşşems. –*çev.*

*** *yanardöner:* Çarkıfelek fişeği; *girandole*. –*çev.*

Yine güntaşına eş, güneş güneş,
Güneş, güntaşı, gün, yine güneş!"

YAÍ: "(*Kukulkan dönmesini bitirmeden:*) Kukulkan için Sarı Çiçek çiçek mi, yoksa çiçek kuşu* mu?"

KUKULKAN: "(*Dönerek:*) Yine çiçek kuşuna eş, çiçek çiçek. Anımsa çiçeği, neymiş çiçek?"

YAÍ: "(*Karşıt yöne dönerek:*)
Aktarım** işi çiçek olmayınca
Göktaşı bahçesidir tohumda."

KUKULKAN: "(*Dönerek:*)
Çiçek kuşu, kuş çiçeği, kuş çiçek,
Bir çiçeğin düşü, başka çiçek,
Bal öğüten ışığın değirmentaşı
Gerisin geri uçuyor, kuş çiçek."

YAÍ: "(*Karşıt yöne dönerek:*)
Tınlayan bir aşkın sarkıtları
Kelebeklerin tel uzantıları
Çiçeğin erciği*** dişilliği****
Kapar çiçek kuşunun tınısını!"

KUKULKAN: "(*Dönerek:*)
Yine yine çiçek kuşuna eş çiçek,
Çiçek, çiçek kuşu, kuş, kuş çiçek."

YAÍ: "(*Dönmesini kesen Kukulkan'ın kollarına* atı*larak)* Hep gün doğuşuna dek anlamına gelmesini istemiyor musun sen, Kukulkan? Öyleyse gel paylaş duygularını, saçlarından yağmurlar dökülüyor. Paylaş ana noktalardaki beş dokunumunu. Senindir göller, senindir ellerim. Göllerde buğu yok, ellerimdeyse gönül yoktur aldatmaya!"

---

* *çiçekkuşu:* Kolibiler familyasından bir tür parlak renkli kuş; *picaflor, hummingbird. –çev.*

** *aktarım:* Resim sanatında yüzeyden yüzeye geçirim olayı, *calcomanîa. –çev.*

*** *ercik:* Bitkibilimi terimi; *estambre, stamen. –çev.*

**** *dişillik:* Bitkibilimi terimi; *pistilo, pistil. –çev.*

KUKULKAN: "Bütün kanım kumru gibi inlemekte. Gözlerim Kuzey'e bakar, Kuzey'e dönmüş görüşüm, görsün diye uyuyan suyu çamların kirpikleri arasında... görsün de uyansın artık diye."

YAÍ: "Güneş, güntaşı, eş, gün, güneş!"

KUKULKAN: "Kanım beni gökçe tutan kuştur. Kulaklarım Güney'e dönük, Güney'e dönmüşüm işitmem, girsin diye toprağın kemikleri olan koca taşlar, sopa çekilen surat... Yakalasın diye bahar esintisinin yankısını."

YAÍ: "Bir güneşin düşü, başka güneş!"

KUKULKAN: "Burnum Doğu'ya uzanır, Doğu'ya koklama duyum, girsin diye yağmurun saçları, gitsin benim iki gözlü dikiş iğnem dikiliverenek tek dikişte!"

YAÍ: "Kim önceydi? Güneş mi, güntaşı mı?"

KUKULKAN: "Dilim Batı'ya yöneliktir, Batı'ya tat duyum dudaklarım, dişlerim, salyam, sözlerim, damağım, yemişlerim, türkülerim... Hepsi de ağzımın göğünden ayrılamaz."

YAÍ: "Ya dokunma duyun?"

KUKULKAN: "Dokunma duyum İlkyaz'a! İlkyaz'a dönüktür nesneleri duyumsama duyum. Yakutsu nar taneleri altın kabukta; ben buyum... Sonra da yeşil dokunuşum, ilkyazın zümrütsü taşı!"

Derinleşmekteyken gece, bir gök gürültüsü tüm sesleri boğar. Işık geri döner, fırtınadan sonra, yavaş yavaş. Yaí ile Kukulkan ortadan silinmişlerdir. Ak Davul Dövücüsü çalar davulunu, çevrelenmiş olarak Balemicilerle, bir de tosbağalarla. Alçalır Yamacı Nine'nin içinde geldiği bulut. Herkes açmaya koşar ninenin bohçasını. Sakallı Tosbağa Nine'yi bohçadan çıkarıp kollarında tutar. Herkesler sevinmektedir onu yeniden gördüğüne.

AK DAVUL DÖVÜCÜSÜ: "Senin bilgeliğindir, Yamacı Nine, bilgeliğin tümü. Tükenirdi evren geceden güne, senin o uzak gözlü mıknatıslı iğnen olmasa!.. Senin dikişinin çizgisi koşuttur saçlarına. Ama kısadır en sert çakmaktaşı gibi sarılıverince sen, iyilikleri savunmak için silahına; sen ey ninelerin ninesi!"

Yeniden çalınır davul, Balemiciler dans eder. Dans edip dönerler fırdolayı, çığrının sözlerini gönüllerince söyleyerek.

AK DAVUL DÖVÜCÜSÜ: "Senindir bilgelik, Yamacı Nine! Senin iğnenin ediminde süregidecek evren. Gerçeklerde ya da yansımalarda, erkeklerde kadınlarda... bir de Guakamayo'larda. Herkes kendi dünyasında, herkes dışarda, herkes bir aynada birleşiyor uykuda gezerken rüyasında. Ama kadın artık erkek gibi sevemeyecek bir daha. Kadın da erkek gibi seviyordu işitmeden önce Guakamayo'nun dediklerini, duymadan önce o kuşun söylediklerini. Kukulkan'ın yüreğine düştü derisinin külü. Çılgınca sevecek bundan sonra. Sevecek bilmeden nasıl seveceğini. Tek ilmek almaya bile yetişemeyecek bir sevgi, senin o dikiş iğnenden. Kendi güdüsünden doğmuş, kendi güdüsünden boy atmış, kendi güdüsünden ağulanmış... Çıldırtacak senin elinden erkekleri. Tıpkı Kukulkan'ı da çıldırttığı gibi... Kurtarmazsa onu, senden aldığı bilgeliği."

SAKALLI TOSBAĞA: "Aldırma sen, Yamacı Nine, (*Onu kollarında taşıyarak*) aldırma o Ak Davul Dövücüsü'ne... Kadınlara düşmandır o... Yaí, işte, bir gülü ateşe verdi güneşin saçlarında... Hepsi bu!"

(Ak Davul Dövücüsü sevinçle çalar davullarını. Balemicilerse döne döne raks ederek söyleyedururlar çiçek kuşu ile güntaşının türküsünü)

Üçüncü Perde - Sarı
(Sabah)

Sarı perde, sabahın rengi, sarı sabah renginin büyüsü... Çinçibirin girer. Sarılar giymiştir, sarı maskelidir ve okla yayı sarıdır. Bir sıçrama, bir sıçrama daha, bir sıçrama daha.

ÇİNÇİBİRİN: (*Çığlık atar*) Yaí! Yaí! Yaí!

GUAKAMAYO: (*Gizlenmiş olarak*) Kuak, kuak, kuak, kuak! Ha, ha, ha, ha! Kuak, kuak, kuak, kuak! Ha, ha, ha, ha!

ÇİNÇİBİRİN: (*Çığlık atarak sağda solda aranır*) Yaí, Sarı Çiçek! Yaí! Yaí! Yaí! Sarı Çiçek! Sarı Çiçek! Sarı Çiçek! Yaí! Yaí!

GUAKAMAYO: (*Gizlenmiş olarak*) Kuak, kuak, kuak, kuak! Ha, ha, ha, ha! Kuak, kuak, kuak, kuak! Ha, ha, ha, ha!

Üçüncü Perde - Kırmızı
(Akşam)

✵

Kırmızı perde, akşamın rengi, kırmızı akşam renginin büyüsü... Çinçibirin girer. Sarılar giymiştir, sarı maskelidir ve okla yayı sarıdır. Sıçramalar yapar. Bir alev kadar hafiftir. Sanki yere hiç değmez.

ÇİNÇİBİRİN: (*Çığlık atar*) Yaí! Yaí! Yaí!

GUAKAMAYO: (*Gizlenmiş olarak*) Kuak, kuak, kuak, kuak! Ha, ha, ha, ha! Kuak, kuak, kuak, kuak! Ha, ha, ha, ha!

ÇİNÇİBİRİN: (*Çığlık atarak sağda solda aranır*) Yaí, Sarı Çiçek! Yaí! Yaí! Yaí! Sarı Çiçek! Sarı Çiçek! Sarı Çiçek! Yaí! Yaí!

GUAKAMAYO: (*Gizlenmiş olarak*) Kuak, kuak, kuak, kuak! Ha, ha, ha, ha! Kuak, kuak, kuak, kuak! Ha, ha, ha, ha!

Üçüncü Perde - Kara
(Gece)

Kara perde, gecenin rengi, gecenin renginin büyüsü... Çinçibirin girer. Sarılar giymiştir, maskesi yoktur, yayı yoktur, oku yoktur. Oynayıp zıplamaz. Ayaklarını yere gömercesine atmaktadır adımlarını. Yürümesine özen gösterir. Zorlukla sürükler yere battığı görülen ayaklarını.

ÇİNÇİBİRİN: (*Yıkılmış... Sesi güçlü ama ağlamaklı*) Yaí. Yaí. Yaí. Sarı Çiçek! Yaí, Sarı Çiçek! (*Kimse yanıt vermez... Bir an bekledikten sonra*) Yaí, Sarı Çiçek! Yaí, Sarı Çiçek! Yaí. Yaí. Yaí. (*Çığlığına ne bir yankı gelir, ne de yanıt*) Yaí. Yaí. Yaí. (*Kendisine yanıt verildiğini işitmişçesine, dönerek bakar göğsüne. Uzatır göğsüne ellerini, dokunur, arar. İvecenlikten yırtarak açar giysilerini. Göğsünden Ay çıkar... Kara perdeye tutunan altın yaldızlı bir yuvarlak... Düşer... Kımıldamaz artık*)

BİTİŞ